2857ª
S.A

# INSTRUCTIONS
POUR
# LES JEUNES DAMES

Qui entrent dans le Monde, se marient, leurs devoirs dans cet état & envers leurs Enfans;

Pour servir de Suite
AU MAGASIN DES ADOLESCENTES.

PAR

M<sup>me</sup> LE PRINCE DE BEAUMONT.

TOME SECOND.

A PARIS,
Chez DESAINT & SAILLANT, rue S. Jean de Beauvais, vis-à-vis le Collége.

MDCCLXIV.
Avec Approbation & Permission.

8° S. 3788²

# SUITE DU MAGASIN DES ADOLESCENTES.

## CINQUIÉME JOURNÉE.

*Madem.* BONNE.

MISS *Belotte*, Mesdames, va commencer la leçon.

*Miss* BELOTTE.

*Joseph* & *Marie* qui démeuroient à Nasareth après qu'ils furent revenus d'Egypte, alloient tous les ans à Jérusalem à la fête de pacques, & lorsque Jésus fût âgé

Tom. II.    A

âgé de douze ans, il resta dans cette ville après la fête sans que son père & sa mère s'en apperçussent, & pensant qu'il seroit avec quelqu'un de leur compagnie, il l'y cherchèrent ; mais ne l'y ayant point trouvé, ils rétournèrent à Jérusalem où ils le trouvèrent trois jours après dans le temple assis au milieu des docteurs, les écoutant & les interrogeant ; & tous ceux qui l'écoutoient, étoient ravis en admiration de sa sagesse & de ses réponses. Lors donc qu'ils le virent, ils furent remplis d'étonnement, & sa mère lui dit : mon fils, pourquoi avés-vous agi ainsi avec nous ? voilà votre père & moi qui vous cherchions étant tout affligés. Il leur répondit : pourquoi est-ce que vous me cherchiés ? Ne saviés-vous pas qu'il faut que je sois occupé à ce qui régarde le service de mon père ? Mais ils ne comprirent point ce qu'il leur disoit. Il s'en alla ensuite avec eux, & il vint à Nasareth, & il leur étoit soumis. Or sa mère conservoit dans son cœur toutes ces choses ; & Jésus croissoit en sagesse, en âge, & en grace, devant Dieu & devant les hommes.

*Madem.*

*Madem.* BONNE.

Cet Evangile, Mesdames, contient une utile leçon pour les jeunes personnes. Vous comprenés bien que Jésus n'avoit pas besoin d'être instruit par les docteurs de la loi; pourquoi donc les interroge-t-il? Pour vous apprendre par son exemple à réchercher la compagnie des personnes graves, & à ne rien oublier pour vous instruire en leur faisant des questions sur les choses qui peuvent vous servir à régler vos mœurs & à orner votre esprit. Faisons encore une autre réflexion sur ce que nous venons d'entendre. L'Evangile nous apprend que Jésus avoit douze ans lorsqu'il s'arrêta dans le temple avec les docteurs; nous ne savons plus rien de ses actions jusqu'à l'âge de trente ans où il commença à enseigner, sinon qu'il étoit soumis à *Marie* & à *Joseph*. Quel exemple pour vous, mes enfans! Quel est celui qui obéit? C'est le créateur du ciel & de la terre; celui devant lequel les puissances, les trônes, les dominations, & tous les autres esprits bienheureux tremblent & s'anéantissent. A qui obéit-il? à *Marie* qui étoit à la vérité la plus pure des créatures; mais qui n'étoit pourtant que sa créature.

Comme homme il est son fils, & comme tel il lui rend l'obéissance & l'honneur que les enfans doivent à leurs parens parcequ'ils leur tiennent la place de Dieu. Non seulement il obéit à *Marie*, mais encore à *Joseph* qui n'étoit que son nourricier, son gardien, pour vous apprendre que non seulement le quatriéme commandement de Dieu vous soûmet à vos pères & à vos mères, mais encore à ceux qui ont soin de votre enfance. Oseriés-vous après un tel exemple, être rebelles à vos parens, à vos maîtres, & même à celles qui ont soin de vous & que vous appellés très-mal à propos vos servantes ? Je ne le puis croire ; vous voudrés sans doute imiter votre sauveur, afin qu'on puisse dire de vous : elles croissent en âge, en sagesse, & en grace, devant Dieu & devant les hommes. N'oubliai-je rien, Lady *Sensée* ?

### *Lady* SENSE'E.

Il me semble, ma Bonne, que nous devons aussi faire attention à une autre chose. J'ai remarqué que l'Evangeliste a répété en deux différens endroits, que *Marie* conservoit dans son cœur tout ce qu'elle voyoit & entendoit par rapport à son divin fils ;

fils ; n'eſt-ce pas pour nous avertir de rentrer ſouvent en nous-mêmes pour conſerver dans notre cœur les choſes qui regardent la piété ?

*Madem.* BONNE.

C'eſt une fort bonne réflexion, ma chére ; mais cela n'eſt guére poſſible à celles qui ſe livrent à la diſſipation & aux plaiſirs. Je reviens toûjours à cet article, Meſdames : il eſt bien important ; mais je n'en dirai que ce mot crainte de vous ennuyer. Nous continuerons notre hiſtoire Romaine, après que j'aurai fini celle de la Comteſſe de Monneville.

Je vous ai dit que cette Dame ménageoit à ſon époux une ſomme conſidérable pour faire dans ſa garniſon la dépenſe qui convenoit à ſon rang. Le Comte chargé de cette ſomme, paſſa par Paris dans le tems des billets de banque ; il riſqua ſon argent, & le fit avec tant de bonheur qu'il gagna en huit jours quinze milles piéces. Il écrivit alors à ſa femme de le venir trouver avec ſes enfans, vendit ſon bien de campagne, s'établit à Paris où ſon bonheur continuant, il fit une fortune immenſe. La Comteſſe ſe prêta avec répugnance

pugnance au nouveau genre de vie auquel l'obéïssance qu'elle devoit à son mari, la força de s'assujettir. Equipage brillant, habits magnifiques, table somptueuse, compagnies frivoles, tout cela la trouva d'abord indifférente ; mais qu'il est difficile de lutter long-tems contre les plaisirs ! Insensiblement, elle y prit gout, & au bout de six mois, elle fût entiérement livrée à la dissipation. Heureusement, l'illusion ne fût pas de durée ; sa fortune disparût comme un beau songe, & les billets étant tombés tout à coup, le Comte de Monneville se vit forcé à vendre à très-bon marché ce qu'il avoit acheté fort cher, & des débris de sa fortune après avoir payé ses dettes, il ne lui resta que huit cens louïs ; il ne pût survivre à son malheur : une longue maladie dans laquelle il dépensa la moitié du bien qui lui restoit, le mît au tombeau, & la Comtesse se trouva avec une très-modique somme chargée d'élever ses deux enfans. La fidéle *Nicole* qui voyoit son désespoir, osa lui réprésenter que la vie champêtre lui offroit la même ressource qu'autrefois, & se flattoit de la voir entrer dans ses vûës ; mais les choses avoient bien changé : le luxe avoit amolli l'ame de la Comtesse qui ne pouvoit

penser

penser sans horreur à reprendre ses premiéres occupations ; elle sollicita une pension à la cour, & esperoit de voir tous ses amis s'intéresser à la lui faire obtenir. Pauvre abusée ! Elle ignoroit que les amis de plaisir disparoissent avec l'abondance. Son ame étoit fiére : les rébus qu'elle essuya, rappellèrent sa raison ; elle se dit à elle-même que la vie la plus obscure où elle ne tiendroit que d'elle le nécessaire le plus borné, seroit préférable à une aisance qu'il faudroit acheter ou conserver au prix de milles bassesses envers ses protecteurs. Elle annonça ses sentimens à *Nicole*, & par son conseil acheta à Vincennes la maison dont nous avons parlé. Là sa fille partageoit avec *Nicole* les soins domestiques : son fils cultivoit un parterre dont il tiroit un profit considérable, & *Nicole* apportoit leurs denrées à Paris où *Marianne* n'étoit pas rentrée depuis le changement de sa fortune, lorsqu'une maladie de *Nicole* la força de venir chés la Marquise, comme vous l'avés vû dans l'histoire précédente ; événement qui d'abord altéra la tranquillité de toute cette famille, & dont la providence se servit pour récompenser la vertu de la mère & des enfans.

*Lady* SPIRITUELLE.

Je trouve cette Comtesse une vraye héroïne puisqu'il n'y a rien selon moi de plus difficile que de vivre ainsi enterrée, ignorée, & comme séparée du reste du monde.

*Miss* CHAMPETRE.

Et moi, Madame, je la plains lorsqu'elle quitte cette charmante petite maison pour venir habiter le grand monde; car apparemment elle cessa d'être jardinière en devenant la mère du Marquis. Que pouvoit-il lui donner capable de la dédommager de ce qu'elle quittoit? Une maison simple, une belle vûë, de jolis jardins, le tems nécessaire pour s'appliquer à cultiver les arts; oh la délicieuse vie!

*Miss* BELOTTE.

Ajoutés qu'elle réunissoit dans ce petit coin du monde, ce qu'on a tant de peine à trouver ailleurs; une amie sincére, & des enfans dociles auxquels elle pouvoit donner tout son tems.

*Miss*

### Miss SOPHIE.

J'ai donc eu des distractions en écoutant cette histoire ; je ne me souviens pas que ma Bonne nous ait parlé d'une amie de la Comtesse.

### Miss BELOTTE.

Vous avés donc oublié ce que ma Bonne nous a dit de la fidéle *Nicole* ?

### Miss SOPHIE.

Pour cela, je ne l'aurois jamais déviné ; révés-vous, ma chère, d'appeller une commune servante l'amie de la Comtesse ?

### Miss BELOTTE.

Non, je vous assûre ; c'est en étant très-éveillée que je demande à Dieu comme une grande grace de trouver une amie de ce caractère : fût-elle dans une condition encore plus basse, je l'aimerois comme ma sœur, & la respecterois comme une Princesse.

*Madem.* BONNE.

Vous auriés raison, ma chère; c'est à cette pauvre servante que la Comtesse dût les vertus & la bonne conduite que nous avons admirés en elle. Lady *Louise*, n'a-t-elle point quelques réflexions dont elle veuille nous faire part? Elle me paroit toute rêveuse.

*Lady* LOUISE.

Ce n'est pas sans raison, ma Bonne; j'ai été frappée d'un endroit de cette histoire qui me rend triste: je vous l'ai toûjours avoué de bonne foi, ma Bonne, j'aime le monde & les plaisirs honnêtes; cependant, je vois avec frayeur, qu'une année de commerce avec ce monde pensa coûter à la Comtesse toutes les vertus qu'elle avoit acquise par une habitude de plusieurs années. Que seroit-elle devenue sans la respectable *Nicole?* En aurai-je toûjours une sous ma main pour me dicter mes devoirs? Je vois donc devant moi une perspective qui n'est pas fort amusante. Ou un renoncement aux plaisirs, ou le danger d'oublier ses devoirs.

*Miss*

#### Miss BELOTTE.

J'ai long-tems pensé comme vous, Madame; mais j'ai trouvé un accommodement à tout cela. Je suis déterminée lorsque je serai mariée de renoncer au monde, & de conserver mes plaisirs; j'en conçois un si grand à élever mes enfans, qu'il me tiendra lieu de tous les autres

#### Lady CHARLOTTE.

C'est un plaisir que je me promets aussi; je veux faire comme Maman, & avoir mes enfans avec moi toute la matinée.

#### Miss BELOTTE.

Et moi toute la journée, ma chère. Faites-moi la grace de m'écouter. Je défie qu'on puisse trouver dans la ville de Londres une meilleure mère que la mienne: elle passe la moitié de sa vie avec nous, & l'employe à nous instruire ; cependant, je reconnois que dans le peu de tems que je ne suis pas sous ses yeux, ou plûtôt que je n'étois pas sous ses yeux lorsque j'étois plus jeune, je perdois tout le fruit de ses peines à mon égard. Abandonnée

donnée dans ces inſtans aux ſoins d'une ſervante qui n'avoit aucune autorité ſur moi, & qui ne méritoit pas d'en avoir, mes paſſions contenues le reſte du jour, ſe donnoient l'eſſor. Notre chambre étoit une vraye tour de Babel où tout étoit dans la confuſion : on ſe querelloit, on paſſoit en révûë toutes ſes connoiſſances pour les critiquer, & en dire du mal, on avançoit les propos les plus puériles, les maximes les plus fauſſes ; on bleſſoit la décence, la charité, ſans que le ſtupide animal qui devoit veiller ſur nous, s'en apperçût ou s'en mît en peine ; elle aimoit mieux bavarder avec quelques autres ſervantes, & nous laiſſoit la bride ſur le col : je trouvois cela charmant ; mais je mettrai bon ordre à ce que mes enfans n'ayent pas les mêmes facilités, & je ne ſortirai que quand ils ſeront au lit bien endormis.

### *Madem.* BONNE:

Vous riés, Meſdames, du feu avec lequel Miſs *Belotte* vient de s'expliquer ? Savés-vous bien qu'il n'y a pas un mot à ôter de tout ce qu'elle vient de dire ? Savés-vous bien que je le régarde comme un devoir ſacré ? Grondés en tant que vous voudrés;

moc-

mocqués-vous d'elle & de moi si cela vous amuse : il n'en sera pas moins vrai que la plus grande partie des enfans Anglois sont gâtés faute d'avoir eu des mères qui pensent comme elle.

### Lady LOUISE.

Est-ce là votre dernier mot, ma Bonne ? Dites-nous en conscience si vous n'en pouvés rien rabattre ? car en ce cas, je suis sûre que toutes ces Dames vont faire vœu de ne se pas marier. La condition que vous nous imposés, est non seulement très-pénible, mais encore impossible.

### Madem. BONNE.

Traîtons ce sujet à la *Socrate*, Mesdames, discutons les raisons pour & contre, & nous nous rendrons au parti qui nous paroîtra le plus juste ; répondés-moi, Lady *Louise*.

Si le Roi vous prioit, vous commandoit même de vous charger de l'éducation de ses enfans, & vous en laissoit absolument la maîtresse ; pourriés-vous vous résoudre à les abandonner plusieurs heures aux soins d'une servante, telle qu'elles le font pour
la

la plus grande partie ? Le défir de répondre à l'entiére confiance de votre maître, de former un bon Roi ou de bonnes Souveraines dans vos éléves, l'efpoir d'avancer par-là votre fortune & celle de votre maifon, la crainte qu'il n'arrivât dans votre abfence quelque malheur à vos éléves ; tous ces motifs réunis, n'auroient-ils pas la force de vous faire rénoncer à tout pour accompagner ces enfans comme leur ombre ?

### *Lady* LOUISE.

Cela me coûteroit beaucoup ; mais je crois pourtant que le devoir, l'amour de ma famille, celui de ma gloire, m'engageroient à tout facrifier pour remplir mon emploi.

### *Madem.* BONNE.

Et fi une mort ignominieufe, la ruine de vos enfans & de toute votre famille, enfin, les plus grands malheurs dans une longue vieilleffe, devoient être le châtiment des plus petites fautes que vous feriés dans cet emploi ; auriés-vous feulement la penfée de vous en diftraire un moment ?

*Lady*

### Lady LOUISE.

Non, aſſûrement, ma Bonne; mais je ferois mieux, je rénoncerois à cet emploi ſi honorable, ſi pénible & ſi périlleux.

### Madem. BONNE.

Vous n'aurés pas cette alternative ſi vous vous mariés, Madame; le Roi des Rois, Dieu même vous chargera de l'éducation de ſes enfans qui feront les vôtres: tout ce qu'il faut ajoûter à mon allégorie, c'eſt qu'à la ſuite des plus grands chagrins en cette vie, vous ſerés éternellement punie de votre négligence dans les enfers.

### Lady LUCIE.

Nous convenons toutes de cela, ma Bonne; mais nous ne ſommes pas d'accord ſur l'étenduë des ſoins & du tems qu'il faut donner à ſes enfans: nous avons beſoin de ſavoir ce que vous entendés par-là, & enſuite nous dirons nos raiſons.

### Madem. BONNE.

Vous avés raiſon, ma chère. Lady Louiſe, dités-nous quel tems vous croirés

devoir

devoir employer au soin de vos enfans, & quelle idée vous avés de l'éducation qu'il faudra leur donner.

### Lady LOUISE.

Je crois que cette éducation ne doit commencer qu'à l'âge de trois ans ou environs : c'est à peu près le tems où ils peuvent entendre ; jusqu'à ce moment, je leur donnerai une bonne nourrice qui aura soin de veiller sur leur santé. Quand je les croirai en état de profiter de mes soins, je les tiendrai dans ma chambre toute la matinée : je leur ferai dire moi-même leurs priéres ; à une heure, je les remettrai entre les mains d'une honnête personne que je choisirai du mieux que je pourrai : je les verrai encore pendant mon diner ; quand ils seront en âge de me suivre dans les compagnies, ils ne me quitterons jamais : je parle des filles, car pour les garçons, ce sera l'affaire de leur père qui les mettra sans doute à l'école ou au collége.

### Madem. BONNE.

Lady *Sensée*, trouvés-vous qu'une mère qui agira ainsi, satisfasse à tout ce qu'elle doit à ses enfans ?

*Lady*

*Lady* SENSE'E.

L'expérience m'apprend que non, ma Bonne : j'avoue que si vous ne m'eussiés pas fait remarquer les inconvéniens de cette prétendue bonne éducation, je l'eusse peut-être trouvée admirable ; mais, Mesdames, par le conseil de ma Bonne, je fais depuis plusieurs années le métier de spectatrice, c'est-à-dire, que pour me mettre bien en état d'éléver ma famille si Dieu m'en donne jamais une, elle me fait profiter des sottises d'autrui. Je commencerai par ce qui m'est arrivée à moi-même, & en suite je vous dirai ce que j'ai remarqué dans les autres.

D'abord, on m'abandonna jusqu'à trois ans & demi entre les mains de ma nourrice : cette bonne femme m'aimoit à la folie ; elle me disoit cent fois par jour que j'étois belle comme un ange : si on me donnoit un habit ou quelque chose de neuf, elle m'en faisoit une grande fête, & les montroit à tous ceux qui venoient dans ma chambre. Elle se mettoit en colére quand on ne m'appelloit pas Mylady, & contoit à tout le monde que j'étois de grande qualité, & que je serois fort riche. Quand elle

elle étoit de bonne humeur, elle obéiſſoit à mes caprices les plus ridicules, & querelloit ceux qui oſoient me contredire : quand elle ne l'étoit pas, elle me refuſoit les choſes les plus raiſonnables, me battoit ſi je lui faiſois une queſtion ; alors je pleurois, je frappois du pied, & la bonne femme déſeſpérée de mon affliction, me prenoit ſur ſes génoux, me donnoit du ſucre, me baiſoit juſqu'à m'étouffer. Si je tombois, elle me faiſoit battre la terre qui m'avoit fait du mal ; ſi je refuſois de manger ma ſoupe, elle me ménaçoit de la donner à ma poupée, & moi pour empêcher qu'une autre ne la mangea, je me dépêchois de l'avaler ; ſi je pleurois, elle diſoit que c'étoit le chat. En ſorte qu'à trois ans & demi, j'étois vaine, haute, capricieuſe, cherchant à me venger, envieuſe de ce qu'avoient les autres, volontaire, menteuſe, & gourmande.

### *Lady* LOUISE.

Ma Bonne, ce qu'il y a de plaiſant, c'eſt que l'hiſtoire de Lady *Senſée* eſt préciſement la mienne, & que juſqu'à ce moment, je n'y avois fait aucune réflexion.

*Madem.*

*Madem.* BONNE.

Toutes les nourrices semblent avoir été jettées dans le même moule, & je suis bien sûre que toutes ces Dames ont réconnu la leur dans celle de Mylady; mais laissons la continuer son histoire, & vous parler de ses gouvernantes: elle en a eu de toutes les couleurs.

*Lady* SENSE'E.

Maman qui me prenoit très-souvent dans sa chambre, ressentit bientôt les mauvais effets de mon éducation; elle fût effrayée de mon opiniâtreté & de tous mes autres défauts, & pour y remédier, elle se hâta de me chercher une gouvernante. Une de ses amies lui en procura une qui lui étoit très-récommendée; elle parloit François quoique née à Londres. D'abord, on ne l'appella que la Françoise ou la Mamesell; la femme de charge & les autres domestiques eurent grand soin de me dire qu'elle n'étoit que ma servante, ce qui fit une si grande impression sur moi, que je la méprisai tout autant que les autres: c'étoit une fort bonne fille, mais qui n'avoit aucune idée de ce qu'il eut fallû faire pour me me ranger à la raison. Ma mère lui avoit expressément défendu de me corriger ; mais elle lui avoit ordonné de l'avertir toutes les fois que je me comporterois mal. Je prenois mon tems pour qu'il ne lui fût pas possible de le faire, car ma mère étoit sortie ou en compagnie quand je faisois mes sottises. Cette fille s'ennuya d'une telle vie, elle demanda son congé au bout de deux mois.

Celle qui lui succéda, étoit un vrai soldat aux gardes, elle en imposa aux domestiques à qui les deux poings sur le côté, elle disoit quatre injures pour une. J'appris de celle-là à être querelleuse, impertinente, grossière ; je lui tenois tête, elle me battoit, je le lui rendois, & puis nous nous raccommodions. Une brigue de toute la maison chassa cette seconde. La troisiéme aussi ignorante que celles qui l'avoient précedé, étoit la médisance même. Elle ne m'entretenoit que des défauts des Dames qui visitoient Maman, les tournoit en ridicule, & bientôt j'acquis ce nouveau défaut; comme elle m'amusoit beaucoup avec ses histoires, je faisois volontiers ce qu'elle vouloit : elle étoit polie, flateuse ; je l'imitois, & tous ceux qui me voyoient, me trouvoient changée en bien. Une imprudence

dence découvrit à Maman le danger que je courois; je répétai en compagnie une raillerie que ma gouvernante avoit faite d'une Dame : ma mère à laquelle cela fit naître des soupçons, se donna la peine de se cacher pour écouter nos conversations, & chassa tout de suite cette langue de serpent. Trois ou quatre autres qui se succedèrent, ne réussirent pas mieux; l'une ne me parloit que de la modicité de ses gages, du peu de profit qu'elle avoit auprès de moi, des avantures de ses tantes, cousines, amies, qui étoient du plus bas étage, & parlà rétrécissoit châque jour le peu que j'avois d'esprit. L'autre ne m'entretenoit que des bals, spectacles, romans. Enfin, Maman que l'expérience avoit rendu défiante, & qui étoit souvent à notre porte quand on la croyoit bien loin, désespérée de n'entendre que des sottises, ne savoit plus quel parti prendre lorsqu'on lui annonça ma Bonne qui arrivoit de France. Elle voulût la voir, & après quelques conversations, elle se détermina à me la donner quand elle devroit lui coûter cens guinées par an. Elle lui demanda donc quels gages elle souhaitoit. Ce que vous jugerés à propos, lui dit elle; mais je ne puis me charger de Mademoiselle votre fille qu'à

quel-

quelques conditions. La premiére, c'est de ne la jamais perdre de vûë un moment. Je dois partager sa table, sa chambre, ses compagnies, & j'ose même vous demander de rester dans votre chambre lorsqu'elle y sera.

Je demande en second lieu une autorité absoluë sur elle, & qu'elle en soit bien instruite ; car si elle peut se flatter de pouvoir appeller de mes arrêts, elle cherchera toûjours à les éluder. J'ose encore vous prier, Madame, ajoûta ma Bonne, de me réprendre librement devant elle de ce que vous trouverés de réprehensible dans ma conduite, de me permettre alors de vous dire les raisons de ce que j'aurai fait, & de suivre en tout les lumiéres de votre bon sens pour les approuver ou les réjetter sans aucune complaisance.

*Miss* SOPHIE.

Et votre Maman, eut-elle la bonté de consentir à toutes ces conditions ?

*Lady* SENSE'E.

Je lui ai souvent entendu dire qu'elle avoit été choquée des deux premiéres, mais

mais que la troisiéme en la surprenant, l'obligea de suspendre son jugement.

### Miss SOPHIE.

J'avoue qu'à présent on ne risqueroit rien à tout accorder à ma Bonne; mais dans ce tems, Madame votre mère ne la connoissoit pas, & par conséquent ne devoit pas lui accorder cette autorité absoluë qu'elle demandoit.

### Lady SPIRITUELLE.

J'ajoûterai même que la difficulté de trouver une personne comme ma Bonne, doit empêcher toute personne sensée de donner à qui que ce soit, un pouvoir sans bornes sur ses enfans. Vous riés, Lady *Violente* ?

### Lady VIOLENTE.

Et qui ne riroit pas, Mesdames, de vous voir cabrer sur un mot, *autorité, pouvoir absolu* ? Ces termes vous offusquent l'esprit, & ne vous laissent pas la liberté de voir ce qui est que vous confondés avec ce qui n'existe pas.

*Miss*

### Miss SOPHIE.

Je vous félicite d'avoir plus d'esprit que nous, Madame; mais s'il en faut dire mon avis sans compliment, je ne voudrois pas donner un tel pouvoir à un ange même s'il prenoit la forme d'une gouvernante: il ne convient qu'à une mère d'avoir une autorité absoluë sur ses enfans.

### Lady VIOLENTE.

Tenés, ma bonne amie, autrefois je me serois fâchée du ton que vous avés pris pour répondre à une badinerie de ma part; mais par la grace de Dieu, vous pourriés me battre aujourd'hui que je ne me mettrois pas en colére. Raisonnés de sang froid, ma chère; ne restés-vous pas l'impératrice de votre fille & sa seule maîtresse lorsque sa gouvernante soûmet toute sa conduite à votre jugement? Risqués-vous quelque chose avec une personne qui vous promet autant d'obéïssance qu'elle en exige de votre enfant?

### Miss SOPHIE.

Vous vous corrigés de votre colére, ma bonne amie, & moi, je veux me corriger de de mon entêtement : j'avoue tout nettement que j'ai tort, & que j'ai parlé avant de penser ; j'avoue encore que je ne suis si ennemie du mot de *pouvoir absolu*, que par orgueil, c'est que je voudrois s'il étoit possible le réserver pour moi.

### *Madem.* BONNE.

Venés m'embrasser toutes les deux, mes chers enfans ; vous me faites pleurer de joye. Si nous agissions toutes ainsi, Mesdames, nous serions bientôt parfaites.

### *Lady* LOUISE.

Permettés-moi aussi mes objections, ma Bonne ; je trouve bien gênant d'avoir éternellement avec ma famille une personne étrangére. Que risque-t-elle de laisser mon enfant sous mes yeux ou dans la compagnie des personnes dont je suis aussi sûre que de moi-même ? Je trouve encore qu'il ne seroit pas possible que des enfans conservassent du respect pour une femme qu'on réprendroit en leur présence comme une petite fille, & dont on leur découvriroit les défauts.

*Madem.* BONNE.

Et moi, je trouve que vous n'avés pas la premiére idée de ce qui conſtitue la bonne éducation. Pauvre Lady *Louiſe*, comme je l'accommode; mais elle veut être la gouvernante de ſa famille future : il faut donc que je lui rende le même ſervice qu'on m'a rendu, que je lui apprenne ſon métier comme on m'a montré le mien.

*Miſs* CHAMPETRE.

Vous riés, ma Bonne ; eſt-ce qu'on apprend à être gouvernante ?

*Madem.* BONNE.

On apprend bien à faire des ſouliers, ma chère ; croyés-vous que l'un ne ſoit pas plus difficile que l'autre ?

*Lady* LUCIE.

Effectivement, ma Bonne me fait faire une réflexion. Je ne voudrois pas confier vingt verges d'étoffe à une femme qui n'auroit pas appris à faire des habits; je ne veux confier ma tête qu'à celui auquel on a enseigné à friser, ma santé qu'à ceux qui ont fait un cours de médecine ; & si nous examinons toutes celles qui nous ont élevées, nous & bien d'autres, il n'y en a pas une seule qui ait appris à donner de l'éducation.

### Miss SOPHIE.

Aussi n'avons-nous pas eu des gouvernantes, mais des servantes ; nos mères nous ont élévées.

### Miss CHAMPETRE.

Et comme on ne peut donner ce que l'on n'a pas, si par avanture nos mères n'avoient pas eu la bonne éducation, que pourroient-elles nous donner ? Ma Bonne prétend que Lady *Louise* n'a pas la première idée de l'éducation : ce qu'elle prétend, ordinairement elle le prouve ; je ne me flatte pas d'être plus éclairée là-dessus que Lady *Louise* : je suis sûre que vous êtes du même avis sur ce point ; écoutons donc pour apprendre en quoi consiste la bonne éducation.

B 2 *Madem.*

*Madem.* BONNE.

Cela nous menera un peu loin, Mesdames ; mais que pourrions-nous dire de plus important ?

Il faut vous persuader d'abord, Mesdames, qu'il n'y a point de petites fautes dans l'éducation ; tout y est de la dernière conséquence : la moindre erreur est capable de tout gâter.

En second lieu, il faut vous apprendre qu'outre les principes généraux sur l'éducation, châque enfant demande une conduite particuliére, & ne peut réussir que par une seule route ; si on se méprend sur ce point, tout est perdu.

Pour ne se point méprendre, il faut connoître jusqu'aux derniers replis du cœur d'un enfant.

Pour acquérir cette connoissance, il faut le voir dans tous les tems, dans toutes les occasions, c'est-à-dire, qu'il ne faut jamais le perdre de vûë, & qu'une gouvernante qui veut s'acquitter de son devoir, doit être une esclave enchaînée sur les pas de son éléve.

*Lady.*

### Lady LOUISE.

Je commence à comprendre qu'une mère ne pouvant toûjours avoir ses enfans sous ses yeux, doit avoir indispensablement une autre elle-même qui la remplace dans son absence ; mais où la prendre, ma Bonne ? Quelle femme voudra s'assujettir à ce que vous exigés ?

### Madem. BONNE.

Je conviens avec vous de la difficulté ; mais le difficile n'est pas l'impossible. Nous en parlerons une autrefois ; continuons à répondre à vos objections. Je crois avoir satisfait à la premiére & vous avoir prouvé qu'une gouvernante ne doit pas quitter ses éléves. La seconde est que vos enfans mépriseroient une femme qu'on réprendroit sous leurs yeux.

Commencés par vous bien mettre dans l'esprit,

1. Que les défauts des parens & gouvernantes n'échappent point aux yeux des enfans ; ce sont des juges sevéres qui savent très-bien apprécier leurs bonnes & leurs mauvaises qualités.

2. Que le point principal de l'éducation est d'apprendre aux enfans que le seul moyen de réparer leurs fautes, est de les avouer & de s'en punir ; par conséquent, rien ne leur est plus utile que de pratiquer sous leurs yeux les leçons qu'on leur donne à ce sujet. Demandés à Lady *Senſée* ce qui s'est passé chés elle à cette occasion.

### Lady SENSE'E.

Il faut commencer par vous avouer, Mesdames, qu'un de mes plus grands défauts, lorsque ma Bonne se chargea de moi, étoit de ne vouloir jamais convenir que j'eusse tort. Il falloit avoir un procès en régle avec moi pour me prouver que j'avois fait une faute ; je lassois la poitrine de Maman en la forçant de confondre mes mauvais raisonnemens, & après une longue dispute, elle étoit souvent contrainte de me céder par épuisement. Ma Bonne me permettra de lui rappeller qu'elle est fort oublieuse de son métier, & Maman pour la satisfaire, la réprit souvent de cette faute en ma présence. Je fus bien étonnée lorsque je vis ma Bonne convenir au premier instant qu'elle avoit tort, demander excuse, s'imposer une amende pour fixer sa mémoire

sur

sur des vetilles qui n'importoient qu'autant que cela faisoit plaisir à Maman. Je voulus essayer si ma Bonne prendroit bien un petit avertissement de ma part ; j'osai la réprendre, elle m'embrassa. Cette conduite me causa une erreur dont je fus la dupe. Depuis trois semaines qu'elle vivoit avec moi, elle m'avoit laissé faire tout ce que je voulois ; il est vrai que je m'étois assés bien comportée. Si elle s'occupoit à démêler mon caractère, j'étois attentive à connoître le sien ; sa facilité à recevoir les avis de Maman & même les miens, me persuada que c'étoit une bonne femme que je pourrois gouverner comme j'avois fait les autres ; je crûs même qu'il falloit l'accoûtumer de bonne heure à mes fantaisies, & qu'elle n'auroit jamais le courage de se servir de l'autorité qu'elle avoit sur moi. Quelle fût ma surprise ! Cette personne qui m'avoit parû un mouton, prit un visage si terrible, que je tremble encore quand j'y pense. Elle ne se mit pourtant pas en colére, & c'étoit ce qui me rendoit furieuse ; avec un sang froid impatientant, elle m'envoya dans un cabinet où je restai tout le jour. Maman m'envoya appeler à son dessert selon sa coûtume ; ma Bonne décida que je n'irois pas, & envoya dire

dire qu'elle prioit que personne ne montât me visiter parceque je ne méritois pas de paroître devant d'honnêtes gens. Il faut vous dire encore, Mesdames, que j'avois refusé de manger mon diner, & que j'avois prié la servante de le dire à Maman ; car j'étois persuadée que la crainte de me voir malade, l'alloit faire monter bien vîte pour me presser de prendre quelque chose. Quelle fût ma surprise lorsque cette fille me dit qu'elle avoit répondu froidement que j'en souperois mieux ! Je suivis ce conseil, car j'avois grand faim ; mais ce qui acheva de me désespérer, fût qu'une des amies de Maman étant montée dans ma chambre, comme si elle eut ignoré ce qui se passoit, & ayant demandé à me voir, ma Bonne fût inéxorable, & ne voulût jamais se rendre aux priéres de cette Dame. Sa fermeté me fit faire des réflexions : je pensois que le seul moyen de rentrer en grace, étoit de demander pardon ; mais aussi je me disois, si je mets cette femme sur ce pied là, elle se rendra ma maîtresse : ne vaudroit-il pas mieux la fatiguer, & lui faire voir que je suis aussi opiniâtre qu'elle ? Cette résolution prévalût ; je fus me coucher sans vouloir réparer ma faute. Le lendemain matin, ma Bonne dit tranquillement

lement à ma femme de chambre de m'habiller ; (remarqués s'il vous plaît, qu'elle avoit toûjours voulu prendre cette peine elle-même) on me rémit dans mon cabinet, & ce qui m'outra, c'est que ma Bonne s'occupa dans la chambre à côté comme si je n'eusse pas été au monde, sans paroître penser à moi. Mon intention auroit été de la fâcher, quand je la vis si indifférente. Je pensai que le plus court pour moi étoit de réparer ma faute : je demandai donc pardon ; mais ce ne fût pas de bon cœur, & je vous avoue que je haïssois bien fort celle qui me forçoit sans me rien dire. Ma Bonne ne fit pas semblant de s'en appercevoir, me traîta comme à l'ordinaire, & le soir me conta l'histoire d'une petite Dame qui ayant agi comme je l'avois fait, avoit trouvé un tyran dans sa gouvernante, & avoit été fort malheureuse pendant que sa sœur qui avoit pris le parti d'être docile, étoit devenue l'amie de sa gouvernante qui ne cherchoit depuis le matin jusqu'au soir qu'à lui faire plaisir. Elle me demanda ensuite à laquelle de ces deux Dames je voulois ressembler ? à la bonne, lui dis-je de bon cœur, car l'histoire avoit dissipé ma mauvaise humeur ; & moi, me dit-elle en m'embrassant, je

vous

vous traîterai comme mon amie : nous nous réprendrons réciproquement fans aigreur, & nous ne difputerons qu'à qui fe corrigera le plus vîte. Cette bonté, après tant de rigueur me toucha, j'écoutai volontiers tout ce que ma Bonne me dit de raifonnable, & j'ofe dire devant elle que je ne lui ai jamais réfifté depuis.

### *Lady* LUCIE.

Je vous affûre, ma chère, que fi on m'avoit traîtée comme vous le fûtes alors par ma Bonne, on m'eut trouvé morte dans mon cabinet ; & fi j'ai des enfans, je me garderai bien de les conduire fi rudement.

### *Madem.* BONNE.

S'ils font de votre humeur, Madame, je vous exhorte à tenir votre promeffe. Je vous le répéte, châque enfant demande une conduite particuliére ; celui qui eft né doux & timide, veut être extrêmement ménagé.

### *Lady* LOUISE.

Mais enfin, ma Bonne, fi un enfant timide agiffoit comme le fit Lady *Senfée*, quelle

quelle conduite faudroit-il tenir à son égard ?

*Madem.* BONNE.

Vous suppofés l'impoffible, ma chère ; c'étoit de propos délibéré pour s'établir un empire fur moi, que Lady *Senfée* fe mît en fantaifie de me défobéïr : je l'avois obfervé de trop près pour ne pas m'en appercevoir, il falloit la fubjuguer & lui faire connoître une bonne fois qu'il n'y avoit rien à gagner par les mauvaifes façons. J'étois fûre d'en venir à bout par cette voye, & Madame fa mère qui fût à la torture pendant tout ce tems, me l'abandonna enfuite abfolument. Mais remarqués que cette conduite n'eft bonne qu'une fois ; elle frappe alors l'efprit d'un enfant qui s'y accoûtumeroit fi on réitéroit cette épreuve.

*Mifs* CHAMPETRE.

Mais fuppofons que l'enfant s'obftina à refter dans le cabinet fans réparer fa faute, ou qu'oubliant le châtiment, il la répéta fouvent, que faudroit-il faire ?

*Madem.*

### Madem. BONNE.

Vous supposés un enfant d'un naturel extrémement pervers, & je regarde ces caractères comme des êtres de raison.

### Lady SPIRITUELLE.

Comment, vous ne croyés pas qu'il y ait des enfans qui naissent si absolument méchans qu'il n'est pas possible de les corriger ? J'en appelle à l'expérience, ma Bonne. Maman me parloit l'autre jour d'une Dame qui s'est rendue la plus méprisable de toutes les femmes; cependant, sa mère étoit une Dame d'une piété exemplaire, & qui n'avoit rien épargné pour la communiquer à sa fille.

### Madem. BONNE.

Je connois de réputation celle dont vous voulés parler, & j'ose vous assûrer que ses fautes ont été l'effet de son éducation autant que de son tempérament. Donnés-moi toute votre attention, Mesdames; ceci va devenir une leçon de philosophie.

Nous naissons toutes avec le désir d'être heureuses, & les passions sont les moyens

que

que Dieu nous a donné pour arriver au bonheur.

Toutes nos passions peuvent se rapporter à deux principales qui produisent les autres, & ces deux passions sont, l'amour & la haine.

Ces deux passions ont plus ou moins de force selon l'arrangement, le physique de notre corps, & voilà toute la différence réelle que je crois dans les enfans.

Dès les premiers rayons de la connoissance, l'enfant aime ce qui lui cause du plaisir, haït tout ce qui s'offre sous l'apparence de la douleur ou de la peine, & ces deux sentimens comme je viens de le dire, sont subordonnés à la vivacité, ou à la tranquillité de son être physique.

L'enfant ne connoit donc d'autre intérêt que celui de trouver du plaisir & d'éviter la peine : si une main habile alors lui présente le devoir uni avec le plaisir, il devient vertueux ; s'il trouve toûjours le vice & la peine joints ensembles, c'est un nouveau lien qui l'attache à la vertu.

Mais s'il arrive le contraire, qu'il trouve des épines dans le devoir & des plaisirs dans le vice, son cœur qui ne tient qu'au plaisir, se déprave. Je le répéte; ce n'est

pas

pas amour pour le vice, c'est attrait pour le plaisir : toutes les choses où il le trouve, lui paroissent souhaitables, celles qui l'en privent, haïssables.

### Lady LOUISE.

A ce compte, ma Bonne, tous les vices des méchans ont donc leur source dans le manque d'éducation ?

### Madem. BONNE.

Vous ne devés pas en douter, ma chère, & de la certitude de cette vérité vous devés conclure qu'une mère chrétienne, raisonnable même, ne devroit jamais perdre ses enfans de vûë, ou du moins, qu'elle devroit à quelque prix que ce soit, chercher une personne assés habile pour entrer dans ces vûës, & suivre ses enfans dans les instans où elle sera forcée de les quitter.

### Lady LOUISE.

Je ne puis me dérober à l'evidence de ce que vous venés de nous dire, ma Bonne; mais j'en conclus que la condition d'une mère est l'esclavage le plus dur & le plus insupportable. Quoi donc, à mon âge, il faudra me séparer de tout, renoncer à tout, m'enfermer avec mes enfans, veiller sur toutes mes paroles & actions crainte de leur donner mauvais exemple, redevenir enfant moi-même pour parvenir à les amuser ?

*Madem.* BONNE.

Et si vous trouvés cette tâche trop dure, qui la remplira pour vous, Madame ? Que répondres-vous au jugement lorsque Jésus-Christ vous demandera compte de l'ame de vos enfans qui se feront perdus par votre faute ? Il les avoit rachetées de son sang, ces ames que votre négligence aura précipitées dans l'enfer : la mort la plus cruelle lui avoit parû douce pour leur mériter le salut. Il ne vous demandoit pour vous donner le ciel que l'accomplissement d'un devoir dans lequel vous auriés trouvé vos délices. Ah ! quel remords pendant toute l'éternite ! Maudite mère, s'écriront ces enfans, pourquoi nous as-tu donné le jour ? pourquoi ta main, ne nous a-t-elle pas arraché une existence que ta négligence devoit rendre si funeste ? Maudit soit le jour où tu nacquis ! maudit soit

soit celui où tu t'entageas dans un état dont tu ne daignas pas remplir les obligations ! Vous pleurés, Mesdames ; cette peinture vous glace le sang dans les veines. Que sera-ce de la réalité ! N'allés pas prendre ceci pour des idées de Méthodiste, pour une perfection outrée. St. *Paul* vous dit expressément que celui qui n'a pas soin des siens, est pire qu'un idolâtre.

### *Lady* LUCIE.

Nous ne doutons pas, ma Bonne, que ce ne soit un devoir essentiel d'avoir soin de ses enfans ; nous ne nous récrions que sur l'étendue de ces soins ; mais que dis-je ? je sens en ma conscience que vous ne nous dites rien de trop ; après tout, nous sommes au monde pour cela, & non pas pour courir les bals, les spectacles, les assemblées. Ah ! je commence à comprendre la vérité de ce que vous nous avés dit par rapport aux plaisirs du monde ; il en est bien peu d'innocens pour une mère de famille, puisqu'il en est bien peu qui ne l'arrachent à ses devoirs.

*Madem.*

*Madem.* BONNE.

Non seulement, Mesdames, votre bonheur éternel dépend du soin que vous prendrés de l'éducation de vos enfans ; mais aussi tout celui que vous pouvés espérer dans cette vie.

Considerés ce qui se passe dans le monde. Là, vous verrés des parens consumés de chagrin par les débauches où se plonge un fils unique : sa fortune, sa réputation, sa santé, tout est sacrifié au goût du plaisir ; il se rit des pleurs de son malheureux pére, il lui souhaite une mort prématurée pour être débarrassé d'un censeur incommode. Là, vous verrés une mère accablée de l'opprobre dont une fille chérie vient de la couvrir par sa mauvaise conduite ; une autre déplore le malheur de celle dont la mauvaise humeur a aliéné le cœur d'un époux, qui en est abandonnée, méprisée. J'en vois que leurs enfans ont réduits à l'indigence ; d'autres qui sont forcés d'oublier qu'ils ont eu des enfans, & qui n'ont que la triste ressource de les abandonner & de ne vouloir jamais en entendre parler. Quelles cruelles situations ! Je plains bien sincérement ceux qui les éprouvent ; mais s'il m'étoit possible de vous

vous dévoiler le fond de leurs cœurs, vous connoîtriés que le plus cruel de leurs maux est le rémord. C'est qu'ils ont à se reprocher la mauvaise conduite de leurs enfans. Evités ce malheur, Mesdames, en vous instruisant avec soin des moyens de donner une bonne éducation à vos enfans, & en vous dévouant courageusement à tout ce que cette éducation aura ou paroîtra avoir de pénible.

### Miss CHAMPETRE.

Ah! ma Bonne, hâtés-vous de nous instruire sur un sujet si important.

### Madem. BONNE.

Aujourd'hui, Mesdames, je ne ferai que vous indiquer les moyens de remplir vos devoirs à cet égard.

Le 1er est une grand pieté.

Le 2de une mortification continuelle de vos passions.

Le 3me un rénoncement absolu à tout ce qui pourroit vous distraire de ce devoir.

Je vous expliquerai ces moyens plus en détail la premiére fois que nous nous verrons;

rons ; le reste de la leçon doit-être employé à parler de l'histoire Romaine. Lady *Sensee*, dites-nous ce qui arriva après l'expulsion de *Tarquin*.

## *Lady* SENSE'E.

*Brutus* ne se contenta pas d'avoir délivré sa patrie de la tyrannie de *Tarquin* ; il n'oublia aucun des moyens nécessaires pour ôter à ce méchant Prince tout espoir de rentrer dans Rome. De concert avec le peuple, il se servit de ce que la religion avoit de plus sacré pour affermir les esprits dans la haine du Roi & de la royauté. Châque Romain devoua aux divinités infernales celui qui entreprendroit de rétablir *Tarquin*. Ce serment étoit le plus rédoutable puisque ceux qui le faisoient, consentoient eux-mêmes à être chargés de toutes les malédictions en ce monde & en l'autre s'ils le violoient. Ensuite, *Brutus* proposa un gouvernement qui sembloit promettre tous les avantages de la royauté sans en avoir les inconvéniens. Il fût conclû que l'on remettroit l'autorité entre les mains de deux magistrats, nommés Consuls qui auroient le pouvoir des Rois,

mais

mais qui ne pourroient le conserver qu'une année.

*Tarquin* le plus méchant de tous les hommes, avoit les qualités qui font ce qu'on appelle mal à propos les grands Rois : il étoit grand Capitaine, excellent politique, & avoit su se ménager des amis parmi les peuples voisins de Rome. Ceux-ci ayant inutilement demandé son rétablissement, *Tarquin* parût se borner à la restitution des ses biens, & envoya pour cet effet des Ambassadeurs à Rome. Cette demande excita de grandes rumeurs dans le Sénat. *Collatinus* soûtenoit qu'on ne pouvoit sans injustice rétenir & s'approprier le bien de *Tarquin*. *Brutus* disoit que c'étoit lui donner les moyens de soûtenir une guerre qui pouvoit devenir funeste aux Romains que de les lui rendre.

*Madem.* BONNE.

Et moi, je demande à Miss *Belotte* de quel avis elle eut été si elle eut eu alors une voix dans le Sénat.

*Miss* BELOTTE.

Je crois que j'aurois conclû comme *Brutus*. Je vais me servir d'un mauvais pro-

proverbe ; rendre les biens à *Tarquin*, c'étoit lui donner des verges pour être fouëtté de fa main : cependant, ma Bonne, j'ai un certain *je ne fais quoi* au fond de mon cœur qui répugne à cet avis, & qui me dit qu'il n'eft pas jufte de s'emparer du bien d'autrui fous quelque prétexte que ce foit.

### *Lady* CHARLOTTE.

Je penfe que ce *je ne fais quoi* eft un fcrupule. Vous approuvés fans doute l'action de *Brutus* lorfqu'il chaffa *Tarquin* de Rome ; s'il fit bien de lui ôter la couronne qu'on regarde comme le plus grand de tous les biens, pourriés-vous le blâmer de lui ôter fes terres & fon argent qui font des chofes beaucoup au deffous du trône ?

### *Mifs* BELOTTE.

Avec votre permiffion, ma chère ; un voleur me prend ma bourfe par force : deux jours après je trouve le voleur, & fuis plus forte que lui, je lui réprend juftement ma bourfe ; mais je n'ai pas droit de lui ôter la fienne. La royauté étoit la bourfe dont *Tarquin* qui eft le voleur, s'étoit emparé

par

par violence : les Romains à qui le droit de se nommer un Roi, appartenoit, pouvoient reprendre leur bien aussi-tôt qu'ils en eurent les moyens; mais leur étoit-il permis de ravir à *Tarquin* celui qu'il avoit reçû de ses pères ?

### Lady VIOLENTE.

Je crois que j'aurois terminé ce procès tout d'un coup. *Tarquin* avoit tant volé, dépouillé un si grand nombre de personnes, que j'aurois rétenu son bien pour faire des restitutions.

### Lady MARY.

Et s'il n'avoit rien volé, il eut donc fallu le lui rendre ?

### Lady VIOLENTE.

En vérité, ma chère, je crois que oui. Un des crimes de *Tarquin* étoit de s'être emparé du bien d'autrui; de quel droit ceux qui le punissoient pour ce crime l'auroient-ils imité ? Qu'en pensés-vous, ma Bonne ?

*Madem.*

### Madem. BONNE.

Je ne suis pas assés bonne jurisconsulte pour décider ce cas. En général, il faut avoir une grande délicatesse lorsqu'il s'agit du bien d'autrui; cependant, la loi permet aux juges de confisquer les biens d'un criminel. *Tarquin* étoit le plus coupable de tous les hommes ; le Sénat étoit son juge légitime, donc le Sénat pouvoit confisquer son bien surtout dans une occasion où il s'en seroit servi pour perpetuer ses crimes. Continués, Lady *Sensée*.

### Lady SENSE'E.

Pendant qu'on disputoit dans le Sénat, les Ambassadeurs du *Tarquin* travaillèrent si bien qu'ils engagèrent la jeune noblesse de Rome dans une conspiration pour le rétablir.

### Miss SOPHIE.

Cela n'est pas possible. Comment, ces hommes qui s'étoient engagés à se donner au diable corps & ame s'ils faisoient la moindre démarche en sa faveur, oublient si-tôt leur serment, & cela pour un si méchant

chant homme ? Quel pouvoit être leur motif ?

### Lady SENSE'E.

On leur promettoit des plaisirs, la liberté de suivre leurs passions sous un Roi débauché, & le règne des Consuls promettoit d'être sevére.

### Madem. BONNE.

Vous frémirés, Mesdames, quand vous entendrés le nom des conjurés, & vous apprendrés par leur exemple, que le goût du plaisir & de la licence peut conduire aux plus grands crimes. Continués, Lady *Sensée*.

### Lady SENSE'E.

Un esclave qui se trouva par hasard dans la sale où les conjurés s'étoient assemblés, découvrit la conspiration, & en avertit le Sénat. Quelle fût l'étonnement & l'horreur des Sénateurs ! Les fils de *Brutus* & les neveux de *Collatinus*, mari de *Lucréce*, étoient à la tête de cette conspiration. Les coupables étoient condamnés : la réligion, la sûreté de Rome
dictoient

dictoient leur arrêt ; mais c'étoit à *Brutus*
à le leur prononcer. Quel coup pour un
père ! Cependant, sa fermeté avoit à soûtenir une épreuve encore plus terrible.
Il avoit été nommé Consul avec *Collatinus*, & le devoir de sa charge le forçoit
à être témoin du supplice des coupables :
son courage ne se démentit point ; mais le
peuple remarqua qu'il avoit senti plus que
ses fils ingrats, le coup qui leur avoit ôté
la vie.

### *Miss* SOPHIE.

Oh ! l'abominable homme, qui se pri-
ve de ses deux fils pour une chimère
telle qu'est l'amour de la patrie.

### *Madem.* BONNE.

Non, Madame, ce ne fût point à la
patrie que *Brutus* sacrifia ses fils : ce
fût à la justice dont il étoit le ministre ;
ce fût à la religion de son serment par
lequel il s'étoit engagé d'avance à punir
de mort quiconque oseroit violer sa promesse de ne penser jamais à rétablir
*Tarquin*. Il n'y avoit guère de famille
illustre qui n'eut un parent criminel ;
eussiés-vous voulû que *Brutus* les eut
con-

condamné, & qu'il eut abſout ſes deux fils qui étoient ſans contredit plus criminels que tous les autres ? car il n'étoit pas douteux que la premiére choſe qu'eut fait le Tyran en rentrant dans Rome, eut été de faire périr *Brutus*.

### Lady LOUISE.

Eh bien, ma Bonne, je vous accorde qu'il eut été injuſte à *Brutus* d'abſoudre ſes fils en puniſſant les autres ; mais il lui reſtoit une reſſource : il n'avoit qu'à abandonner ſa charge, & laiſſer à un autre le ſoin de punir les coupables ; car il paroit bien odieux à un père de condamner ſes fils.

### Madem. BONNE.

Examinons cette affaire de ſang froid, Meſdames, & en nous rappellant nos principes. Nous ſommes convenus vingt fois que la mort n'eſt point un mal, & que c'en eſt un d'être injuſte. Vous croyés que *Brutus* eut pû concilier ce qu'il devoit à la juſtice & à la nature en quittant le Conſulat, & moi, je penſe qu'il eut été injuſte & traître envers
tous

tous les Romains. Remarqués, Mesdames, que c'étoit lui qui leur avoit mis les armes à la main contre *Tarquin* ; il avoit animé leur courage par celui qu'il leur avoit montré lui-même. En faisant jurer à châque Romain de verser jusqu'à la derniére goutte de son sang pour prévenir le rétour du Tyran, il avoit prononcé le même serment. Le peuple ne s'étoit engagé à une entreprise si périlleuse qu'à condition qu'il se mettroit à leur tête ; les Romains en le nommant Consul l'avoient choisi pour leur protecteur & leur père. N'eut-il pas été le plus lâche, le plus ingrat de tous les hommes s'il eut violé ses sermens, trahi la confiance publique, & livré à la fureur de *Tarquin* tout ce pauvre peuple qui n'avoit d'autre crime que celui d'avoir suivi ses conseils ? La pitié de *Brutus* pour ses fils eut encouragé les autres parens à tâcher de sauver les leurs ; plusieurs parmi le peuple eussent pensé que des Magistrats capables, ou de violer leurs sermens, ou de les abandonner, pourroient fort bien à la fin être séduits par *Tarquin*, & acheter leur pardon en les livrant à sa vengeance. Dans cette crainte, on se seroit hâté de prévenir ce malheur ; Rome tombée dans le trouble & la défiance, n'eut pas tenu un mois contre le Tyran qui auroit fait nager la ville dans le sang de ses concitoyens. Ce furent ces considérations d'équité qui armèrent le bras de *Brutus*; mais ce qui suivit, est une preuve qu'après avoir vû périr ses fils, il ne se soucioit plus de la vie : dans la premiére bataille qui se donna entre les Romains & les Latins qui soûtenoient *Tarquin*, le vengeur de *Lucréce* sembla ne chercher qu'à périr ; il s'acharna tellement contre un des fils de *Tarquin* qu'il le tua au moment qu'il en fût tué.

### *Miss* CHAMPETRE.

Oh ! la bonne méthode que celle d'examiner avant de juger ! J'aurois juré que rien ne pouvoit justifier *Brutus*, & je vois qu'il ne pouvoit agir autrement qu'il a fait, sans être le plus malhonnête homme ; mais que devint *Collatinus* ?

### *Lady* SENSE'E.

Il se déshonora en pure perte ; il essaya de sauver ses neveux, ne pût y réussir, se rendit suspect par cette conduite, & fût prié

prié de sortir de Rome, & de quitter le Consulat. On lui permit non seulement d'emporter son bien; mais on le combla même de présens, pour l'engager à décamper plus vîte.

### Madem. BONNE.

Par ce qui arriva à *Collatinus* vous concevés, Mesdames, que *Brutus* eut perdu Rome en forçant les Romains à lui ôter leur confiance. Je ne puis donc que plaindre le grand homme qui fût contraint d'immoler dans un même jour ses deux fils à son devoir; je suis persuadée que cet événement malheureux porta sa haine contre *Tarquin* à son dernier période; & si on peut hasarder des conjectures, je dirois que ne pouvant survivre à la mort de ce qu'il avoit de plus cher, il résolût en périssant de rendre au Tyran une partie du mal qu'il en avoit reçû, puisqu'il lui laissa à déplorer la mort d'un de ses fils. Il est vrai que la mort de *Brutus* ternit l'éclat de sa vie: il eut dû se résoudre à traîner une vie malheureuse plûtôt que de laisser son ouvrage imparfait, & il l'eut fait sans doute s'il eut pû prévoir les maux que sa perte occasionna à sa patrie.

### Lady CHARLOTTE.

Est-ce que *Tarquin* rentra dans Rome après la mort de *Brutus*, ou bien est-ce que les Consuls qui succederent à *Brutus*, furent des Tyrans ?

### Lady SENSÉE.

Non, ma chère ; lorsque *Collatinus* eut été dépouillé du Consulat, on mit à sa place un nommé *Valère*.

### Miss CHAMPETRE.

Et ce *Valère* est mon héros puisqu'il assûra la liberté de Rome. Je le trouve bien supérieur à *Brutus* ; celui-ci au lieu d'un Roi, en avoit établi deux qui pouvoient devenir Tyrans s'ils l'eussent voulû. *Valère* en bornant leur autorité, commença les beaux jours de Rome qui ne fût plus en danger d'être tyranniquement traitée.

### Madem. BONNE.

Comme les avis ne sont pas toûjours les mêmes, ma chère, je vais parodier votre phrase, & dire : *Valère* est selon moi un fort honnête homme, mais dont l'esprit

étoit

étoit très-borné. *Brutus* selon vous avoit donné deux Rois au lieu d'un à Rome, & *Valére* lui donna autant de maîtres qu'il y avoit de Romains. *Brutus* avoit établi deux Magistrats tirés de ce qu'il y avoit de plus estimable dans Rome ; *Valére* la soûmit aux caprices de la plus vile canaille. Il établit le despotisme en faveur de ceux qui étoient le moins capables d'en bien user ; il soûmit la tête aux pieds contre l'ordre naturel. Vous comptés les beaux jours de Rome du tems de *Valére*, & moi, j'attribue tous les désordres de la république à la conduite imprudente de cet honnête & stupide Consul. Que dites-vous de mon ton, Miss *Champêtre* ? N'ai-je point parlé à la *Tarquin* ? C'est par amour de la liberté au moins : vous êtes née despote ; pour vous satisfaire, il faudroit adorer vos préventions : je vous l'ai déjà fait remarquer, ma chère ; votre grand amour pour la liberté vous engage à vouloir nous ravir la nôtre : vous vous êtes hâtée d'interrompre Lady *Sensée* pour nous prévenir en faveur de votre sentiment ; vous avés jugé sans appell : il falloit bien mettre notre liberté à couvert en parlant plus haut que vous ; mais réprenons l'une & l'autre un ton plus décent. Voici mes propositions que je soû-

mets

mets à la censure de toutes ces Dames si la suite de l'histoire ne les justifie pas.

*Valére* agit en Tyran après la mort de *Brutus*. Il agit en homme de peu de sens, en homme qui abondoit en son sens, en homme qui ne prévoyoit rien dans les innovations qu'il fit.

En second lieu, il commit une injustice criante envers la partie la plus considerable de la Nation.

En troisiéme lieu, cette injustice eut les suites les plus funestes.

A présent, Lady *Sensée* peut réprendre son discours où elle a été interrompue.

### *Lady* SENSE'E.

Je vous disois, Mesdames, que si *Brutus* eut pû prévoir ce qui arriva après sa mort, il y a beaucoup d'apparence qu'il ne s'y feroit pas exposé si legérement. *Valére*, son collégue, comme ma Bonne l'a fort bien remarqué, étoit un honnête homme dont les lumiéres étoient fort bornées ; vous remarquerés, s'il vous plaît, Mesdames, que moins on a d'esprit, & plus on est sujet à trouver à redire à la conduite des autres, parcequ'on est moins capable de concevoir les raisons qui les font agir. En second lieu, les gens bornés sont

extrê-

extrêmement opiniâtres & attachés à leurs opinions qu'ils trouvent toûjours excellentes parcequ'ils ne les envisagent que par un bon côté. *Valére* avoit ces deux défauts : il ne vit dans la forme du gouvernement établi par *Brutus* que la possibilité de tyranniser le peuple, & dans celui qu'il établit lui-même qu'un moyen donné au peuple pour échapper à la tyrannie des Consuls. Pour se mettre en état d'exécuter ses desseins, il commença par le violement d'une loi qui venoit d'être établie par le consentement général de toute la Nation ; il ne se nomma point de collégue après la mort de *Brutus*, & retint pour lui seul toute l'autorité afin de pouvoir librement l'ôter à ses successeurs. Pour cela, il permit à tout homme condamné par les Consuls de demander à être jugé par le peuple ; il fit encore d'autres lois fort avantageuses au peuple, & par-là même très-désavantageuses aux Patriciens.

*Madem.* BONNE.

Dites-moi, je vous prie, Miss *Champêtre*, ce que devint la liberté Romaine lorsque *Valére* très-despotiquement l'arracha aux Nobles pour la donner au peuple ?

En devenant le protecteur des uns, ne devint-il pas le Tyran des autres?

### Miss CHAMPETRE.

J'avoue qu'il agit contre la volonté du Sénat ; mais c'étoit pour le plus grand bien de Rome.

### Madem. BONNE.

Je veux bien le supposer avec vous, ma chère : la suite fera voir si cela est vrai ou non ; mais selon vous, il est donc permis à un homme d'ôter la liberté à un grand nombre d'autres pour le bien général : pourquoi ce qui fût permis à *Valére*, ne le feroit-il pas à d'autres ? Cette liberté qu'il ôtoit aux Sénateurs, n'étoit-elle pas à leurs yeux comme aux vôtres, le plus précieux de tous les biens ? Si les Sénateurs pouvoient en abuser, le peuple ne pouvoit-il pas abuser de la supériorité qu'on lui donnoit sur le Sénat dont on le faisoit Tyran ?

### Miss CHAMPETRE.

Vous m'embarrassés, ma Bonne ; mais j'ai deux choses à vous objecter. La premiére, c'est qu'il n'y a pas d'apparence que

que *Valére* ait décidé une si grande affaire de sa propre autorité ; sans doute il étoit autorisé du consentement de la plus grande partie du peuple. Secondement, il n'ôta point l'autorité au Sénat, il la laissa aux Consuls à qui le peuple resta soûmis.

*Lady* SENSE'E.

Pauvre Miss *Champêtre*, vous faites le procès à votre bon ami *Valére* qui ne fit rien de ce que vous supposés. Il prit si peu l'avis de la Nation, que le peuple le soupçonna lui-même d'aspirer à la tyrannie. Il laissa si peu d'autorité aux Consuls, qu'on fût bientôt obligé de créer une autre Magistrature, comme vous l'allés voir. Parmi les loix Romaines, il y en avoit une que je trouve détestable. Les Romains pouvoient prêter leur argent à usure ; c'est-à-dire, qu'un homme qui prêtoit cinq guinées, étoit autorisé à en recevoir six & même plus au bout d'une année. Ce n'est pas tout. Si celui qui avoit emprunté l'argent, n'étoit pas en état de le rendre au tems fixé, son créancier non seulement étoit en droit de le faire mettre en prison, mais aussi de le battre cruëllement.

C 6

### Miss BELOTTE.

Et pourquoi cet animal de *Valére* qui avoit la folie de reformer, ne s'avisa-t-il pas de corriger une loi si contraire à l'humanité ? Pourquoi ne défendoit-il pas l'usure, & de battre de pauvres gens qui étoient déjà assés malheureux d'être en prison ?

### Madem. BONNE.

Miss *Belotte* a raison ; mais pourtant je ne pardonnerois pas à *Valére* de l'avoir fait de son autorité, parceque j'aime la liberté plus que Miss *Champêtre*, & que dans une république où tous les membres sont ou doivent être égaux, c'est un attentat à la liberté publique de passer le pouvoir de sa charge. J'aurois donc voulû que *Publicola* eut obéï à la loi en se nommant un collégue ; qu'il ne se fût pas crû le seul honnête homme dans Rome ; qu'il eut supposé charitablement autant de bonne volonté dans tous les Sénateurs qu'il en avoit lui-même. Voyés-vous, mes enfans, je suis presque en colére. Le Sénat étoit le seul Roi des Romains même du tems des premiers Rois ; c'étoit ainsi que toute la Nation

tion l'avoit décidé d'abord : tout changement dans un ordre établi est un attentat, & j'ai une vraye aversion contre ceux qui sous prétexte du bien public, s'élévent contre l'autorité légitime. *Publicola* devoit donc avec son collégue proposer au Sénat, non la diminution de la puissance consulaire, mais une bonne loi sur les dettes ; il avoit pour la proposer, les meilleures raisons du monde, comme vous l'allés voir.

Rappellés-vous, Mesdames, qu'au moment de l'établissement de Rome, *Romulus* partagea la plus grande partie des terres aux citoyens, que ce partage fût égal, & qu'en consideration de ce partage, châque Romain devoit servir la république à ses dépens. Qu'arriva-t-il de cet arrangement ? Des hommes laborieux & sobres trouvèrent dans leur travail & leur modération le moyen d'augmenter leur bien, pendant que les paresseux & les gourmands ayant laissé dépérir le leur, furent obligés d'emprunter pour vivre. Il arriva aussi qu'un père chargé d'une nombreuse famille, & obligé de se nourrir à la guerre, fût forcé d'emprunter pour faire subsister ses enfans pendant ses frequentes absences. C'étoit à l'occasion de ces deux espéces de dettes que *Publicola* devoit demander une

nou-

nouvelle loi: que les pareſſeux & les gourmands euſſent été un peu étrillés, il n'y auroit pas eu de mal; mais la juſtice & l'humanité demandoient qu'on défendît de maltraîter les autres. Il falloit même faire plus pour eux, comme je le dirai bientôt; mais auparavant il faut parler des grands événemens qui arrivèrent pendant le ſiége de Rome, & ce ſera pour la remiére fois.

## SIXIÉME JOURNEE.

*Les grandes qui ſe ſont aſſemblées avant l'arrivée des petites.*

### Miſs CHAMPETRE.

MA Bonne, vous m'avés promis de réfléchir ſur ce que je vous dis la derniére fois que je vous vis avec ces Dames. Il s'agit de cette femme de charge toute puiſſante dans la maiſon de ce gentilhomme qu'on me propoſe d'épouſer.

*Madem.*

### Madem. BONNE.

Je ne l'ai pas oublié, ma chère, & après avoir bien demandé les lumiéres du St. Esprit, voici ce que je ferois en pareil cas. Je ferois entendre à mon futur époux qu'ayant beaucoup de goût pour les devoirs de l'état dans lequel je vais entrer, je suis déterminée à y consacrer ma vie, & à prendre soin de l'économie & de l'ordre. Je me réglerois sur sa réponse; mais s'il vouloit absolument me mettre sous la tutéle de sa femme de charge, & qu'il n'eut pas le courage de me la soûmettre absolument, je ferois sa très-humble servante & jamais rien de plus.

### Miss CHAMPETRE.

J'avois décidé précisement comme vous le faites; mais, ma Bonne, je ne suis plus la maîtresse de suivre là-dessus mes lumiéres & les vôtres. Ma mère à qui j'ai fait part de mes idées, les désapprouve; elle dit que c'est une chimére de me croire obligée à des devoirs dont un mari me dispense: que si cette femme me déplaît, je trouverai vingt moyens de m'en défaire quand je serai mariée; que mon futur mari étant un très-

très-bon parti pour moi, il ne faut pas risquer de le perdre par des difficultés qui n'ont pas le sens commun ; en un mot, elle m'a absolument défendu de lui rien dire sur cet article. Que feriés-vous, ma Bonne, si vous étiés à ma place ?

### Madem. BONNE.

Si ma confiance en Dieu étoit sans réserve, ma foi dans la sagesse de sa conduite bien ferme, j'obéïrois sans balancer, persuadée que Dieu ne permettra pas que mon obéïssance tourne à mon désavantage, & qu'il est le maître de diriger à mon plus grand bien les choses qui m'y paroissent contraires. Si je craignois que ces vertus ne fussent que dans mon imagination, il est certain que je romprois un mariage qui sembleroit me préparer des désagrémens selon les vûës humaines. Examinés-vous, ma chère, & choisissés ; mais si vous prenés le parti le plus parfait qui est celui d'obéïr, prenés bien garde que ce soit purement pour Dieu.

### Miss CHAMPETRE.

Je vous l'avoue, ma Bonne, je me suis déterminée à obéïr pour éviter les désagrémens

mens qui suivroient mon refus. Comment supporterois-je les reproches & le mécontentement de mes parens ? Cela me rendroit la plus misérable de toutes les créatures ; malheureuse pour malheureuse, j'aime mieux l'être par la tyrannie d'une femme que je méprisérai, que par le chagrin de ceux que j'aime.

*Lady* LUCIE.

Je vous trouve un modéle de perfection, ma chère, & je ne crois pas que ma Bonne puisse justement exiger de vous rien de plus.

*Madem.* BONNE.

Si Miss *Champêtre* eut vécû à Rome il y a deux mille ans, j'applaudirois à ces motifs : on n'eut pû rien exiger de plus d'une honnête payenne ; mais elle est chrétienne, & cela change la thése. Cette belle résignation dont elle nous parle, ne l'empêchera pas d'être misérable : elle en convient, elle s'y détermine ; mais une chrêtienne a des ressources pour corriger sa misére & faire disparoître le malheur. Que Miss *Champêtre* fasse pour Dieu ce qu'elle veut

veut faire pour ses parens ! Notre Dieu qui est un maître libéral, la payera au centuple de ce qu'elle lui sacrifie ; il lui donnera les lumiéres nécessaires pour trouver un reméde à ses peines, ou le courage pour les supporter. Remarqués bien ceci, Mesdames; toutes les amertumes que nous supportons par égard pour les créatures, par esprit de philosophie, nous les sentons dans toute leur étenduë parceque nous sommes seules à les supporter. Celles que nous souffrons pour l'amour de Dieu, sont au contraire bien legéres, parcequ'il nous aide à porter ce fardeau, & que l'abondance de ses graces change les peines en plaisirs.

### Lady LOUISE.

Je conçois bien, ma Bonne, que la patience que Dieu nous donne, peut adoucir nos chagrins ; mais je ne comprendrai jamais que les peines changent de nature, & puissent nous paroître des plaisirs.

### Miss CHAMPETRE.

Et moi, ma Bonne, j'aurai beau dire à Dieu que c'est pour lui que je me soûmettrai à mes parens ; je sentirai fort bien que
je

## des ADOLESCENTES. 67

je mentirai, & que le motif le plus puissant de mon obéissance sera la crainte de les fâcher & d'être ensuite punie par leur mauvaise humeur, ensorte que j'obéis, non par amour de Dieu, non pour l'amour de mes parens, mais seulement pour l'amour de moi-même. C'est mon propre intérêt qui me porte à choisir entre deux maux celui qui me paroit le moindre.

### Madem. BONNE.

Non, ma chère, vous ne mentirés pas lorsque vous dirés à Dieu avec une volonté ferme que vous agirés pour lui. Faites bien attention à ceci, Mesdames; cela est d'une très-grande conséquence. On me propose un bon repas, une partie de plaisir innocente : j'y vais sans aucune répugnance ; ma raison & mes sens sont d'accord sur l'acceptation de ce plaisir. On me présente un acte pénible à faire pour obéir à Dieu ; la foi montre à ma volonté que je dois faire cet acte : ma volonté se soûmet pleinement ; mais en même tems tous mes sens se révoltent : il est très aisé dans ce moment de confondre cette révolte des sens avec l'acte de la volonté, & parceque mon consentement à cet acte n'est pas pareil

reil à celui que j'ai donné à la partie de plaisir, je me dis, ce n'est pas pour Dieu que je vais faire cette action ; mille motifs imparfaits se présentent à moi, ce sont eux sans doute qui me déterminent. Mais il y auroit de la stupidité à faire cet acte de vertu par des motifs humains : je sens que je ne le ferois pas pour l'amour de Dieu, donc il faut l'abandonner. Voilà un des piéges qui sont le plus ordinairement tendus à celles qui veulent se donner à Dieu ; pour l'éviter, souvenés-vous, Mesdames, qu'il n'y a que notre volonté dont nous soyons maîtresses, & que Dieu ne nous demande pas autre chose. Nos pensées, nos désirs, nos espérances & nos craintes étant en nous malgré nous, nous n'en sommes point responsables. Ainsi, Miss *Champêtre*, vous serés sûre de faire votre action pour Dieu si vous souhaités & voulés la faire pour lui ; & en agissant ainsi, soyés tranquille sur les suites, elles ne peuvent vous être funestes.

### *Lady* LOUISE.

Adieu donc la prudence ; par votre conseil, ma Bonne, Miss *Champêtre* va agir directement contre cette vertu, comme fi Dieu avoit promis de faire un miracle pour réparer l'imprudence de fa conduite.

### *Madem.* BONNE.

Mifs *Champêtre* ne bleffe point la prudence en s'abandonnant à la conduite d'une mère qui l'aime avec tendreffe. Cette mère a fans doute des lumiéres qui nous manquent. Vous doutés que Dieu faffe un miracle en fa faveur. Souvenés-vous, ma chère, qu'ils ne coûtent rien au Très-Haut, qu'il ne peut les refufer à ceux qui font dans l'ordre de fa providence; miracles invifibles à la vérité, mais qui n'en font pas moins réels. Si ce mariage que notre amie n'accepte que par obéiffance à fes commandemens, pouvoit lui apporter un dommage réel, croyés qu'il fauroit bien le rompre fans qu'elle s'en mêlât. Voici nos jeunes Dames; il faut les joindre, & commencer promptement la leçon, car il eft tard.

Mifs *Molly*, dites-nous le St. Evangile que vous avés appris.

### *Mifs* MOLLY.

En ce tems-là, *Jean* Bâtifte vint prêcher au défert de Judée en difant: faites pé-

pénitence, car le royaume des cieux est proche. Ce *Jean* vous vous souvenés bien, Mesdames, c'étoit le fils de *Zacharie :* il avoit un habit de poil de chameau qui je pense, étoit quelque chose de bien rude sur sa peau, une cinture de cuir; il ne vivoit que de sauterelles & de miel sauvage, ce qui devoit n'être pas fort bon. Il disoit: faites pénitence, car le royaume de Dieu est proche; la coignée est déjà à la racine de l'arbre, tout arbre qui ne porte pas de bon fruit, sera coupé & jetté au feu.

*Madem.* BONNE.

Eh bien, Mesdames, vous me trouvés quelquefois bien sevére lorsque je vous dis de fuir les occasions qui pourroient vous porter au mal crainte de tomber dans l'enfer. Voici un prédicateur qui est bien plus sevére que moi, il ne dit pas: tout arbre qui porte de mauvais fruit, sera coupé & jetté au feu, mais, tout arbre qui ne porte pas de bon fruit. Il ne s'agit pas seulement de ne pas faire de mal pour éviter l'enfer; il faut encore faire du bien. Mais quel est le bien que Dieu demande de nous? St. *Jean* va nous l'apprendre dans

### Miss MOLLY.

Pour moi, je vous bâtife dans l'eau pour vous porter à la pénitence; mais celui qui doit venir après moi, eft plus puiffant que moi, & je ne fuis pas digne de délier le cordon de fes fouliers : il vous bâtifera dans le St. Efprit & dans le feu. Il a fon van à la main, & il nettoyera parfaitement fon aire : il amaffera fon bled dans le grénier; mais il brûlera la paille dans un feu qui ne s'éteindra jamais.

### Madem. BONNE.

Ecoutés bien, mes enfans. Si nous vivions dans un autre fiécle que le nôtre, je ne m'arrêterois pas à ces derniéres paroles; mais malheureufement, je me vois dans la néceffité de vous y faire faire une attention particuliére. Vous ne trouverés que trop de gens par la fuite qui pour diminuer en vous la crainte du péché, tâcheront de vous perfuader que la peine dont il fera puni, ne peut être éternelle. Ils vous diront qu'il feroit contraire à la bonté de Dieu

Dieu de punir un péché d'un moment par une éternité de supplices; qu'il ne faut pas prendre à la lettre ces paroles de l'Ecriture. Je voudrois pouvoir vous laisser ignorer qu'on tient de tels discours dans le monde; mais je les ai entendus mille fois, je les ai lûs autant. Deux Ministres l'un de Dublin & l'autre de Geneve n'ont pas rougi de l'écrire. Vous ferés la même épreuve; il est donc de mon devoir de vous prévenir contre ces discours empoisonnés. Non seulement la foi nous ordonne de croire l'éternité des peines de l'enfer; c'est un feu qui ne s'éteindra *jamais*, répéte souvent l'Ecriture. *Jamais*, ce mot est positif; cessons d'être chrêtiennes, ou croyons sans hésiter ce *jamais*, si terrible pour le pécheur. Mais après l'avoir crû aveuglement par la foi, examinons le encore par les lumiéres de la raison.

### *Lady* SPIRITUELLE.

Ah! ma Bonne, je consens à fermer les yeux sur cette terrible vérité; mais ne l'examinons pas, je craindrois de penser comme les autres que cette éternité est contraire à la bonté de Dieu.

*Madem.*

*Madem.* BONNE.

Comme la crainte d'une éternité malheureuse est un des plus puissans moyens que Dieu nous ait laissés pour nous faire éviter le péché, il ne faut laisser à ce sujet aucun doute à votre raison, Mesdames. La mienne comprend fort bien la justice, la nécessité de cette éternité.

Ouvrés les yeux de votre foi, Mesdames. Jettés un regard tremblant & respectueux sur cet Etre immense devant lequel les anges se voilent de leurs aîles comme parle l'Ecriture. - - - Hélas ! Mesdames, mon esprit se perd, mes idées se confondent, je demeure muëtte, stupide. Il me semble être sur les bords de l'Océan. Je jette les yeux sur cette immense quantité d'eau ; mais bientôt fatiguée de ne trouver aucune borne qui puisse arrêter mes regards errans, je suis obligée de baisser mes yeux fatigués, éblouïs. Voilà une image bien imparfaite de ce qui m'arrive lorsque je veux méditer sur l'Etre immense de mon Dieu auprès duquel le grand Océan, tout l'Univers même, est moins qu'un grain de poussiére. Cependant, ce Dieu si grand daigne animer un atôme. Il créa l'homme ; pourquoi ?

Tom. II.      D      pour

pour le faire participer à son bonheur pendant toute l'éternité. Que lui demande-t-il pour cela ? d'obéïr à la loi qu'il a écrite dans le fond de son cœur, d'être heureux dès cette vie par la destruction des ennemis de son bonheur qui sont les passions déréglées. Cependant, ce vil atôme, cette poussière animée met dans une balance, Dieu d'un côté, & quelques vaines satisfactions de l'autre. Il sait que les plaisirs auxquels il va s'abandonner, sont faux ou pour le moins passagers ; n'importe, il abandonne son Dieu, & lui préfére ces plaisirs. -Il fait plus. Les remords d'un tel crime le tourmentent, la crainte de l'enfer le poursuit & empoisonne ses plaisirs ; alors ce pécheur se laisse emporter aux murmures contre son auteur : pourquoi a-t-il fait une loi si sevère ? pourquoi m'a-t-il donné de tels penchans ? Dans cet instant, le criminel s'arracheroit à la jurisdiction de son Dieu s'il étoit possible. Il détruiroit sa loi sainte, il détruiroit même son créateur si cela étoit en son pouvoir. Ceci vous fait frémir, Mesdames : vous m'accusés d'exagérer le crime du pécheur ; il n'est point, dites-vous, de monstre assés dépravé pour haïr l'auteur de son Etre. Plût à Dieu que cela fût ainsi !
Mais,

Mais, Mesdames, si Dieu est & sera toûjours ce qu'il a été de toute éternité, c'est qu'il est immuable de sa nature; c'est qu'il est au dessus des atteintes du pécheur. Celui qui soûtient le mensonge, détruiroit la souveraine vérité s'il le pouvoit. Le méchant, le cruel, le vindicatif, attaque la bonté de Dieu; en un mot, châque péché attaque une des perfections de Dieu: il l'attaque sans succès à la vérité parceque Dieu est inaccessible; mais la malice du pécheur pour être impuissante, n'en est pas moins grande, & mérite par conséquent les châtimens éternels. Mais peut-être que l'homme pécheur est entraîné par des penchans si forts qu'il ne peut y resister; vous l'entendrés dire aux libertins, & ils en concluront que Dieu est trop bon pour punir d'une peine éternelle des crimes en quelques sortes involontaires. Je parle bien plus affirmativement qu'eux: où il n'y a point de volonté, il n'y a rien à punir, parcequ'il n'y a point de crime. Je tuerois un homme en dormant sans commettre un péché véniel; mais, Mesdames, ce qui rend le pécheur inexcusable & digne de l'enfer, c'est qu'il pouvoit vaincre ses penchans les plus forts avec la grace de Dieu, que cette grace, Dieu la lui a offerte dans

tous

tous les inſtans de ſa vie, qu'elle a été plus forte que la tentation, & ſuffiſante par conſéquent pour éviter le péché. C'eſt donc uniquement par ſa faute que l'homme eſt coupable, & c'eſt par-là que la bonté de Dieu ſera juſtifiée dans le châtiment éternel du pécheur.

### Lady LUCIE.

Ah ! je le comprends bien, ma Bonne; la juſtice de Dieu doit être ſatisfaite dans l'autre vie avec autant de célébrité que ſa bonté éclate dans celle-ci. Je ne puis pourtant m'empêcher de ſouhaiter que la miſéricorde ait encore quelques droits; pourquoi le répentir des réprouvés, ne pourroit-il pas toucher un Dieu ſi bon?

### Madem. BONNE.

Que dites-vous, ma chère, du répentir des réprouvés? Si la haine du péché pouvoit entrer dans l'enfer, ce lieu de tourmens ſeroit anéanti, & la miſéricorde de Dieu réprendroit tous ſes droits. Ecoutés avec attention ce que je vais vous dire.

Qu'eſt-

Qu'eſt-ce que le péché ? C'eſt un acte de notre volonté par lequel nous aimons quelque choſe plus que Dieu.

### Lady SPIRITUELLE.

Mais, ma Bonne, eſt-il poſſible qu'on puiſſe conſentir volontairement à aimer quelque choſe plus que Dieu ? Cela fait horreur à penſer.

### Madem. BONNE.

Celui qui aime l'argent, & qui pour en acquerir commet une injuſtice, ou manque à s'acquitter d'un devoir, n'aime-t-il pas ſon argent plus que Dieu ?

### Miſs BELOTTE.

Pour moi, ma Bonne, je crois que cet homme-là & les autres pécheurs ne font pas réflexion quand ils agiſſent comme cela, ou qu'ils ne ſont pas bien inſtruits de leurs devoirs, ou enfin qu'ils ont quelque autre excuſe.

## Madem. BONNE.

Nos devoirs sont écrits au fond de notre âme, Mesdames, & nos remords nous forcent malgré nous de les y lire, à moins que très-volontairement nous ne cherchions à nous dérober à nos lumiéres naturelles ; ainsi le pécheur est inexcusable. Réprénons ce que je disois : pécher, c'est aimer la créature plus que son Dieu ; se convertir, c'est aimer Dieu plus qu'aucune chose crée. Tant que nous sommes dans cette vie, nous pouvons passer du premier état dans le second, du second rétourner au premier, parceque notre état est variable & nos pensées muables. Remarqués encore, Mesdames, qu'une longue habitude dans chacun de ces deux états rend le changement bien difficile ; mais enfin il est possible. Il n'en sera pas ainsi lorsque notre âme sera séparée de notre corps ; elle restera fixée dans la situation où la mort la surprendra. Si l'amour de son Dieu domine alors chés elle, elle aime son Dieu pour toute l'éternité. Si c'est le péché qui régne en elle, il y régne pour jamais, & par conséquent l'éternité de son crime demande une éternité de châtimens ; cela est conforme à
ma

ma raison. Mais voici ce qui acheve de la convaincre de la justice de l'éternité des peines.

Il est certain, Mesdames, que Dieu étant la souveraine justice, doit haïr souverainement le péché & employer les moyens les plus efficaces pour le détruire; or quel moyen plus efficace pour détruire le péché, que d'avertir les hommes qu'ils seront punis d'une éternité de supplices, & qu'au contraire une éternité de bonheur sera la récompense de ceux qui l'auront évité ou expié? Hélas! Mesdames, si malgré la connoissance que nous avons de ces vérités, nous sommes encore si foibles lorsqu'il s'agit de résister au tentations, de vaincre une inclination chérie; que seroit-ce si nous n'avions pas cette crainte salutaire?

### Lady SPIRITUELLE.

Il me vient une pensée, ma Bonne, c'est qu'il n'est pas fort généreux de n'éviter le péché que par la crainte de l'enfer, & que Dieu ne doit pas avoir pour agréables des motifs aussi bas que ceux de la crainte.

### Madem. BONNE.

Si nous n'évitions le péché que par la crainte des supplices de l'enfer, c'est-à-dire, que si nous n'avions rien à craindre, nous consentirions à le commettre, assûrement cette crainte seroit un crime, parcequ'elle subsisteroit avec l'amour du péché ; mais si je crains l'enfer parcequ'il me sépareroit d'un Dieu infiniment aimable, & qu'il me rendroit l'objet de sa haine, cette crainte de la haine de Dieu est le commencement de son amour, & prépare l'âme à des dispositions plus parfaites. Jésus-Christ nous a dit de craindre celui qui pouvoit précipiter notre âme dans l'enfer ; un motif que Jésus nous a récommandé, ne peut être que louable. Miss *Molly*, continués-nous le discours de St. *Jean* Bâtiste.

### Miss MOLLY.

Le peuple demandant à *Jean*, que devons-nous donc faire ? il leur répondit : que celui qui a deux vêtemens, en donne un à celui qui n'en a point, & que celui qui a dequoi manger en fasse de même. Il vint aussi des publicains qui lui demandèrent :

rent: que faut-il que nous faſſions? Il leur dit: n'exigés rien au de-là de ce qui vous a été ordonné. Les ſoldats lui demandoient: & nous, que devons-nous faire? Il leur répondit: n'uſés point de violence ni de tromperie envers perſonne, & contentés-vous de votre paye.

*Madem.* BONNE.

Je vous l'ai dit, Meſdames, St. *Jean* après nous avoir dit que tout arbre qui ne porte pas de bon fruit, ſera coupé & jetté au feu, nous apprend enſuite quels ſont les fruits que nous devons porter. Tout ſe réduit à trois points.

Faites pénitence.
Faites l'aumône.
Rempliſſés les devoirs de votre état.

Rien de plus poſitif, de plus répété dans l'Evangile que l'obligation de faire pénitence. Nous ſommes pécheurs; donc nous devons être pénitens: c'eſt-à-dire, que nous devons prendre le parti de la juſtice de Dieu contre nous-même, & punir en nous l'ennemi de Dieu. Ainſi loin de nous impatienter dans les ſouffrances, la pauvreté, & les autres peines que Dieu nous envoye, nous devons nous y soûmettre avec joye parceque ces maux sont la punition de nos péchés.

Les seconds fruits que tout bon arbre doit porter, sont les fruits de la charité : je ne vous dirai pas comme St. *Jean*, si vous avés deux habits, donnés-en un aux pauvres ; mais rétranchés vos bals, vos comédies, vos opéras, & donnés aux pauvres l'argent que vous y employeriés. Je me sens obligée, Mesdames, de péser sur cet article. Il est question de votre salut éternel ; je risquerois le mien si le respect humain m'engageoit à vous taire les devoirs du christianisme. Il vous est permis de sacrifier quelque chose à votre délassement ; mais pésés dans la balance de la foi la somme qu'il y faut employer : elle deviendra bien legére. Celles qui pésent l'argent qu'elles donnent à leurs plaisirs dans la balance de l'amour propre, doivent frémir. Au jour du jugement, les pauvres qui auront manqué de pain, d'habits, s'éléveront contre elles. Elles entendront de jeunes filles qui leur diront : Maudites créatures, la plus petite partie de l'argent employé à tes plaisirs, m'eut tiré d'une misére qui m'a précipité dans le crime.

Enfin la troisiéme maniére de porter de bons fruits, est l'accomplissement des devoirs

voirs de son état. St. *Jean* n'exclude personne de la possibilité de faire son salut, pas même les publicains, c'est-à-dire, les financiers, les riches du siécle, pas même les gens de guerre, c'est-à-dire, ceux dont la profession semble éloigner le plus de la pieté. Mais à quelle condition, leur fait-il espérer les promesses de Dieu? Tout se réduit à bien remplir les devoirs de leur état. J'ose vous offrir le ciel à cette même condition, Mesdames. Si vous la remplissés, l'amour du monde, des divertissemens, des faux plaisirs disparoîtra pour faire place à des plaisirs purs & solides qu'on trouve toûjours dans l'accomplissement de ses devoirs. Nous continuerons dans la premiere leçon l'histoire du bâtême de Jesus-Christ par St. *Jean*; & avant de continuer l'histoire Romaine, Lady *Sensée* vous régalera d'une histoire qu'elle lût hier au soir: elle est de Mr. *Marmontel*, auteur estimable, parceque dans ses écrits il a toûjours respecté les mœurs. Je ne sais si elle est de son invention, ou s'il n'a fait que prêter les graces de son stile à une histoire réelle; quoi qu'il en soit, elle est toute propre à vous prouver ce que je vous disois tout à l'heure, que les vrais plaisirs ne se trouvent que dans l'accomplissement

des devoirs de son état. Commencés,
Lady *Sensée*.

*Lady* SENSÉE.

Ma Bonne, j'ai oublié les noms des personnages ; permettes-moi de leur en donner d'autres.

On dit en France que les Intendans des provinces abusent de leur autorité pour tyranniser les peuples & s'enrichir ; l'histoire suivante prouvera que cette régle a des exceptions. Mr. *de M.* exerça son emploi avec tant de droiture & de désintéressement, qu'il ne laissa d'autre héritage à sa fille unique que l'amour & la vénération de tous ceux qu'il avoit protégés. Ils étoient tous disposés à s'unir pour faire à cette fille un sort heureux lorsqu'un riche négociant leur ravit le plaisir qu'ils s'étoient proposé. Ce négociant que je nommerai *Désbures*, étoit un homme de trente cinq ans, d'un excellent cœur, mais d'un esprit assés borné. Il avoit une si haute idée du mérite de feu Monseigneur l'Intendant, & une si petite de lui-même, qu'il ne s'offrit qu'en tremblant à sa fille, & lui fit entendre fort humblement qu'elle lui feroit trop d'honneur si elle consentoit

à

à partager avec lui une fortune immense. Cette Demoiselle lui fut gré de la justice qu'il lui rendoit, & de celle qu'il se rendoit à lui-même en s'avouant indigne d'elle, & pour l'en récompenser, elle s'abaissa jusqu'à lui donner la main. Ce début, Mesdames, vous annonce que la fille de Mgr. l'Intendant ne ressembloit point à son père; cependant, cette fière personne vécût fort bien avec son mari, parcequ'il ne se relâcha jamais du profond respect qu'il lui avoit voué, & son attachement fut si grand pour une femme qui le méritoit si peu, qu'étant mort après trois ans de mariage, il lui laissa tous ses biens quoiqu'il en eut eu deux fils. L'ainé qu'on nomma *de Désbures* pour ennoblir un peu son nom, captiva tellement le cœur de sa mère, qu'il ne lui resta rien à donner au cadet qui fût nommé *Jacquo*. Ce dernier fût envoyé en nourrice, pendant que les soins & la dépense furent prodigués à l'ainé dans la maison paternelle, ou plûtôt maternelle. Si on y rappella ensuite *Jacquo*, ce fût pour fournir une victime aux caprices de son frère qui en fit un martyr. Les maîtres qui furent appellés pour instruire ce fils chéri, le trouvèrent d'une opiniâtreté

&

& d'une obstination qui les forcèrent à se plaindre à Madame *Desbures*, & furent assés maladroits pour louer les talens du cadet ; ils furent congédiés sur le champ, & ceux qui les remplacèrent, instruits par cet exemple, donnèrent toutes leurs louanges à *de Desbures*, & tous leurs soins à *Jacquo*, & il eut été bien difficile de faire autrement. Ce pauvre enfant maltraité de tous côtés avoit cherché dans la pieté du secours dans ses malheurs, & Dieu qui est la consolation des affligés, l'avoit tellement fortifié qu'il ne se permit jamais une pensée contraire au respect qu'il devoit à sa mère, & avoit pour elle un attachement sans bornes ; il s'en falloit de beaucoup que son favori eut le même amour pour elle. Une maladie dangéreuse la fit rougir, mais sans fruit, de son injustice par rapport à ses enfans. L'ainé aimoit trop ses plaisirs pour s'assujettir à tenir compagnie à une malade, & le second qui avoit alors treize ans, n'osoit s'offrir à des yeux qui ne l'avoient jamais regardé qu'avec dédain. Cependant, son amour l'emporta sur sa crainte, & saisissant le moment où une garde avoit ouvert la porte, il se coule sans bruit dans la chambre de sa mère, & marchant sur la pointe du pied, il s'approche de son lit.

Ef-

Est-ce vous, mon fils, dit la malade ? Non, ma mère, répondit le timide enfant, c'est *Jacquo*. Ces paroles furent un coup de poignard pour Madame *Désbures*; son cœur s'attendrit malgré elle, & elle ne pût se défendre par un mouvement machinal de présenter sa main à cet enfant disgracié, & de sentir quelques remords en la voyant baignée de ses larmes. Ces bons mouvemens disparûrent avec la maladie, & *Jacquo* ayant atteint sa dix-septième année, Madame *Désbures* lui conseilla froidement de prendre l'état ecclésiastique puisque le bien que son père avoit laissé, n'étant pas à beaucoup près aussi considérable qu'on le croyoit, suffisoit à peine pour établir son frère aîné. Quelque soûmis que *Jacquo* fût à sa mère, il ne crût pas devoir risquer son salut, en entrant par complaisance dans un état saint pour lequel il n'avoit aucune vocation. Il ne vous reste donc qu'une ressource, lui dit cette mère barbare, je vous acheterai une Lieutenance, & vous courrés la fortune d'une croix de St. *Louis*, ou de vous faire casser la tête. Il est un autre état, lui répondit modestement son fils, où il m'est permis de tenter la fortune ; j'ai du goût pour le commerce : si vous avés la bonté de me faire une pacotille, je

pas-

passerai à la Martinique. Vous êtes un digne fils de votre père, lui dit Madame *Désbures* avec un regard méprisant ; allés, Monsieur, préparés votre départ : je vous fournirai ce que vous avés la bassesse de me demander. *Jacquo* gémit de la dureté d'une mère qu'il aimoit avec tendresse, & n'osa jamais lui demander permission de lui écrire. Il partit quelques jours après, & Dieu bénissant ses soins, il ne fût pas long-tems à la Martinique sans augmenter considérablement sa petite fortune. Madame *Désbures* débarrassée de son second fils, ne pensa qu'à établir avantageusement celui auquel elle l'avoit sacrifié. Son amour pour cet aîné le lui faisoit voir comme le modéle de toutes les vertus, & pour lui faire obtenir une riche héritiére, elle lui abandonna tous ses biens, persuadée que ce fils chéri ne la laisseroit manquer de rien. Quelques mois après son mariage, *de Désbures* céda au désir qu'il avoit de voir Paris, & en moins de deux ans, il trouva moyen de dépenser l'immense fortune que sa mère lui avoit donné. Sa femme pour laquelle il n'avoit jamais eu aucune considération, demanda une séparation de biens, & l'ayant obtenue, *de Désbures* fut réduit à la derniére misére. Pendant ces deux années, sa mère

lui

lui avoit écrit plusieurs fois pour lui représenter qu'elle ne vivoit que sur son crédit, mais que les marchands qui fournissoient sa maison, s'ennuyoient de ne recevoir aucun argent. Ce fils ingrat n'avoit pas même daigné répondre à ses lettres, & lorsqu'elle se préparoit à le joindre pour l'accabler de reproches, elle apprit qu'il étoit ruiné, & peu de tems après qu'il étoit mort des suites de ses débauches. Les créanciers de Madame *Desbures* instruits de sa situation, la forcèrent à leur abandonner le peu qui lui restoit, & elle se vit réduite à se refugier dans un grénier où elle essaya de subsister du travail de ses mains. Elle ne pût supporter long-tems un genre de vie si nouveau pour elle ; le manque des choses nécessaires à la vie, le chagrin, & par dessus tous les remords, la réduisirent bientôt dans un état de langueur qui sembloit lui annoncer la fin de ses peines par une mort prochaine. Le curé de sa paroisse instruit de sa situation, en fût touché : il plaça auprès d'elle une garde, & lui fournit des alimens & un bon médecin ; mais la cause de sa maladie n'étoit pas du ressort de la médecine : son cœur déchiré nuit & jour ne lui laissoit pas un moment de repos, & arrêtoit l'effet des remédes les plus efficaces. Ce-

Cependant, l'abſence n'avoit point éteint chés *Jacquo* les ſentimens de l'amour filial. Il apprît par un de ſes amis le triſte état de ſa mère, & il auroit crû devenir parricide s'il eut tardé un ſeul inſtant à voler à ſon ſecours ; il avoit pourtant les raiſons les plus plauſibles pour reſter à la Martinique : il y jouiſſoit à la vérité d'un commencement de fortune ; mais une abſence prématurée pouvoit ruiner ſes eſpérances : d'ailleurs, il aimoit, & touchoit au moment d'être heureux ; une jeune veuve extrêmement riche avoit triomphé de ſon cœur, & lui avoit fait eſpérer de le préférer à pluſieurs rivaux auxquels il étoit bien inférieur du côté de la fortune : n'avoit-il pas à craindre qu'une longue abſence ne le ruinât dans le ſouvenir de ſa maîtreſſe ? Toutes ces conſidérations ne furent pas capables de le faire balancer un moment ſur ce que ſon devoir exigeoit : il ramaſſa le plus d'argent qui lui fût poſſible, & prêt à s'embarquer, il ſe rendit chés ſa veuve la douleur peinte dans les yeux ; elle fût d'abord effrayée du changement qu'elle remarqua ſur ſon viſage, & ayant appris les raiſons qui le forçoient à répaſſer en Europe, & la crainte qu'il avoit de la perdre, elle ne pût modérer le tranſport que fit naître en elle un deſ-

deſſein ſi héroïque, & l'ayant embraſſé : partés, généreux fils, lui dit-elle, payés les dettes de la nature ; je me charge de payer celles de la vertu & de l'amour : mes biens & ma perſonne ſont à vous, & après ce que je viens de découvrir de l'excellence de votre naturel, vous pouvés être aſſuré qu'un Prince ne pourroit vous faire tort dans mon cœur.

*Jacquo* tranſporté de joye, rendit grace à la généroſité de ſon amante, & en ſentit plus vivement le chagrin de l'éloignement; cependant, il n'eut pas voulû dérober un inſtant à ſon devoir, il s'embarqua ſur le premier vaiſſeau. La navigation fût heureuſe ; mais lorſqu'il croyoit toucher bientôt à la fin de ſes peines, ſon vaiſſeau fût attaqué par un corſaire plus fort que lui. Tout l'équipage conſterné penſoit à ſe rendre ; mais *Jacquo* qui avoit toûjours devant les yeux ſa pauvre mère mourante de langueur & de ſouffrance, exhorta ſi pathétiquement ſes compagnons de voyage à préférer la mort à la perte de la liberté, qu'il fit rénaître leur courage. Le corſaire vint à la bordage, & *Jacquo* embraſſant la chère caſſette qui renfermoit l'or deſtiné à ſauver la vie de celle à laquelle il devoit le jour, s'écria : mon Dieu, ayés pitié de ma

mal-

malheureuse mère ! Après cette courte & fervente priére, il se jette comme un lion sur les ennemis, & ayant remarqué le chef de ceux qui les attaquoient, il se précipite sur lui au péril de sa vie, & est assés heureux pour le tuer. Encouragé par cet heureux succès, il frappe avec furie, & secondé par ses camarades, ils viennent à bout de forcer les barbares à régagner leur vaisseau & à chercher leur salut dans la vitesse de leurs voiles. Le combat fini, le pacifique *Jacquo* voit avec horreur le sang dont il est couvert & le nombre des morts qui jonchent son vaisseau ; il se demande à lui-même, comment sa timide main a pû porter de si grands coups, & il se répond en soupirant : ah ma chère cassette ! ah ma chère mère ! Le reste du voyage fut tranquille ; il aborde au port de la ville où il a pris naissance, sort du vaisseau sa cassette sous son bras, & enveloppé de son manteau, il s'informe du lieu où il pourra trouver sa mère. Arrivé à son misérable logement, la garde qui lui ouvre la porte, fait difficulté de le laisser entrer avant d'en avoir la permission de la malade, & retourne pour la demander. Madame *Désbures* fût surprise d'apprendre qu'on souhaitoit de la voir ; depuis long-tems sa misére

avoit

avoit éloigné tous ceux à qui on donne dans le monde le nom d'amis, & la charité seule lui attiroit quelques visites. Elle pria donc la garde de s'informer du nom de celui qui étoit à la porte. Son fils qui l'entendit, ne pouvant modérer son ardeur, s'écria, c'est *Jacquo*; & ayant poussé la porte, se précipita vers le lit de sa mère, & se jettant à genoux sans avoir la force de parler, baisoit une de ses mains qu'il avoit saisie. Ah mon fils ! s'écria sa mère, ne venés point augmenter par votre présence & par votre tendresse le déchirement de mon cœur ; j'avoue en la présence de ce Dieu juste qui me punit de ma dureté, que je ne méritois pas d'avoir un fils si vertueux. Elle en eut dit d'avantage ; mais son fils lui ferma la bouche en l'embrassant avec transport. Hélas ! c'étoit la premiere fois que cette faveur lui étoit permise, & il la sentoit si vivement qu'il en étoit comme hors de lui. Le curé & le médecin qui entrèrent à ce moment, interrompirent une scéne si touchante. *Jacquo* se jetta à leurs pieds pour les remercier des bontés qu'ils avoient pour sa mère, pour les conjurer de la sauver, & pour les assurer qu'il étoit en situation de payer leurs soins, ce qu'il disoit en leur montrant du doigt

doigt cette caſſette dont il étoit idolâtre eu égard à l'uſage au quel il la deſtinoit. Si l'enthouſiaſme des tranſports du fils faiſoient un ſpectacle touchant, la confuſion & les regrets de la mère n'étoient pas moins attendriſſans ; elle s'accuſoit tout haut de ſa dureté, ſe nommoit barbare, & ne ſouhaitoit de vie que pour donner des preuves de ſa tendreſſe à un fils qui la méritoit ſi bien. Le curé & le médecin mêlèrent leurs larmes à celles que la nature & le répentir faiſoient répandre. *Jacquo* dès le même jour fit tranſporter ſa mère dans un lieu plus décent où elle fût ſervie avec beaucoup de ſoin; & la joye de rétrouver un fils ſi parfait ayant chaſſé la noire mélancolie qui empoiſonnoit ſon ſang, elle fût bientôt hors de danger. *Jacquo* ſe trouvoit au comble de la félicité, par l'heureuſe ſituation qu'il avoit ſi ardemment déſiré ; il ſoupiroit pourtant, & l'éloignement d'une perſonne qu'il eſtimoit autant qu'il l'aimoit, l'empêchoit de goûter toute l'étenduë de ſon bonheur. Sa mère qui étoit devenue plus tendre pour lui qu'elle ne l'avoit jamais été pour ſon fils ainé, s'apperçût avec douleur que *Jacquo* avoit quelque chagrin ſécret ; elle le preſſa de lui ouvrir ſon cœur, & ayant appris ce qu'il avoit abandonné

pour

pour voler à son secours, elle sentit redoubler son attachement pour un fils qui le méritoit si bien, & s'offrit de le suivre à la Martinique. *Jacquo* qui n'auroit osé lui demander une telle faveur, reçût sa proposition avec transport ; ils partirent peu après, & l'aimable veuve qui n'avoit point été tentée des grands partis qui s'étoient offerts pendant l'absence de son amant, le reçût avec une joye qui lui gagna le cœur de Madame *Désbures*. Cette femme corrigée par l'adversité, résolût d'employer le reste de sa vie à payer par ses attentions ce qu'elle devoit à la généreuse veuve, & celle-ci s'étant attachée à elle comme à une mére, n'oublia rien pour l'empêcher de regretter l'Europe. Ces trois personnes, pendant une longue suite d'années éprouvèrent que le vrai bonheur est inséparable de l'accomplissement des devoirs de son état, & Madame *Désbures* surtout connût que le malheur, les inquiétudes & le désespoir sont toûjours à la suite du violement de ces devoirs sacrés.

## *Lady* LOUISE.

Nous devons toutes des actions de grace à Lady *Sensée* pour la bonté qu'elle a eue
de

de nous raconter cette jolie histoire. Si elle n'est pas vraye, du moins est-elle vraisemblable ; mais, ma Bonne, il faut que je vous dise un de mes étonnemens, c'est de voir de tels exemples se rénouveller tous les jours. Comment un père & surtout une mère, peuvent-ils oublier l'égalité qu'ils doivent mettre entre leurs enfans ? Je vous l'avoue, je me sens capable de bien des fautes ; cependant je crois pouvoir me répondre de moi-même à ce sujet.

### *Madem.* BONNE.

Ne jurés de rien, Madame, il est bien difficile de se défendre de toute partialité : à Dieu ne plaise que je vous croye capable des excès de Madame *Désbures* & de celles qui lui ressemblent ; mais il est aisé de se laisser aller à une prédilection presque toûjours injuste. Un premier enfant s'empare ordinairement de la meilleure partie du cœur d'une mère, ensorte qu'il reste peu de chose à ses cadets. D'ailleurs, un enfant plus beau, plus spirituel, fait souvent pancher la balance, & ce qu'il y a de pire, c'est qu'une mère aveugle se persuade que sa prédilection est fondée sur la justice, que par conséquent tous les raisonnemens hu-

humains ne font pas capables de la détromper, & qu'il faut pour lui ouvrir les yeux, une grace particuliére qu'elle eſt bien éloignée de demander à Dieu, puiſqu'au fond de ſon cœur elle craint d'être déſabuſée. Que penſe de notre hiſtoire Lady *Violente ?*

### *Lady* VIOLENTE.

J'admire l'excellent naturel du pauvre *Jacquo*, & je dis avec vous, ma Bonne, que la fidélité à remplir ſes devoirs, procure tôt ou tard un bonheur réel.

### *Madem.* BONNE.

Vous ne vous trompés pas, ma chère ; car elle établit au fond du cœur une paix délicieuſe que l'Ecriture compare à un magnifique banquet. Nous allons continuer l'hiſtoire Romaine ; nous en étions au ſiége de Rome par *Porſenna*, Roi d'Etrurie.

### *Lady* SENSE'E.

*Tarquin* chaſſé de Rome fût aſſés habile pour engager dans ſa querelle un Roi qui habitoit dans le païs qu'on appelle aujourd'hui la Toſcane. Ce Prince vint aſſiéger la ville de Rome, & la réduisit bientôt à la derniére extrêmité faute de vivre. Ce fût en ce tems-là qu'on pût connoître l'extrême courage des Romains, & le mépris qu'ils avoient pour la mort & la douleur.

### Madem. BONNE.

Je veux soulager votre poitrine, ma chère. Miss *Molly* connoit *Mucius Scevola*, c'est-à-dire, celui qui étoit gaucher ; elle va nous dire son histoire.

### Miss MOLLY.

*Mucius* étoit un Chevalier Romain qui voyant l'extrêmité où sa patrie étoit réduite, résolût de finir la guerre tout d'un coup, en tuant le Roi *Porsenna*. Pour exécuter son dessein, il se coula dans le camp de ce Prince, & parvint jusqu'à sa tente. Heureusement pour le Roi d'Etrurie, il n'étoit pas connû de *Mucius* qui, je ne sais par quelle raison, tua son Sécrétaire au lieu de lui. Le bruit qui se fit ayant attiré quelques soldats, *Porsenna* leur commanda d'arrêter l'assassin, & le regardant avec des yeux enflammés de colère, il lui commanda de déclarer ses complices, le ménaçant
de

de le faire périr dans les plus cruels tourmens s'il refusoit de lui obéïr. C'étoit apparemment dans un tems froid que se passa cette scéne, car il y avoit sur la table un bassin plein de feu. *Mucius* regardant fiérement *Porsenna*, lui dit: apprends qu'un Romain ne craint point la douleur; & pour donner une preuve de ce qu'il disoit, il mit sa main au milieu du feu, & la laissa brûler fort tranquillement. *Porsenna* frémit d'horreur à ce spectacle, & n'en pouvant soûtenir la vûë, il dit à *Mucius*: je te pardonne, retire-toi. Je te remercie de ta clémence, lui répondit *Mucius*, & pour te prouver ma gratitude, je veux bien te nommer mes complices. Apprends donc que nous sommes quarante qui avons fait serment de te tuer: je me suis trompé; mais les autres ne se tromperont pas. *Porsenna* ne pût s'empêcher de trembler, en considérant la fermeté de ceux qu'il attaquoit; il crût donc avoir assés fait pour *Tarquin*, & se détermina à donner la paix à un peuple contre lequel il n'avoit aucun sujet personnel de se plaindre, & dont il avoit à rédouter la férocité, ou si on veut le courage.

### Miss CHAMPETRE.

Qu'entendés-vous, ma chère, par ces derniéres paroles? On diroit que vous voulés blâmer *Mucius Scevola.*

### Miss MOLLY.

On entendroit ma pensée, ma chère, & si j'osois, je vous demanderois si vous approuvés l'action de ce forcené de *Mucius*?

### Miss CHAMPETRE *regardant la Bonne.*

N'ayés pas de peur, ma Bonne: je ne dirai point d'injure à Miss *Molly* que j'aurois fort bien battuë l'année passée si elle eut parlé comme elle le fait contre *Mucius*; mais je commence à m'appercevoir que je suis très-partiale quand il s'agit des Romains, & qu'ainsi mes idées peuvent bien être fausses: c'est pourquoi, ma Bonne, je vous prie d'être arbitre entre nous; faut-il regarder *Mucius* comme un héros, ou comme un forcené? car enfin, on étoit en guerre, je vous prie de le remarquer.

*Madem.*

*Madem.* BONNE.

Dites-moi, ma chère, si on peut jamais se dispenser de la loi naturelle ? Je sais que vous conviendrés que non : or l'assassinat est contraire à la loi naturelle parcequ'il renverse la société, comme je vous l'ai fait remarquer plusieurs fois. Le meilleur Roi du monde, le magistrat le plus intégre, le juge le plus équitable, le citoyen le plus paisible, ne sont pas en sûreté s'il y a un seul cas où l'assassinat puisse être permis, parcequ'il est très-possible qu'ils paroissent des Tyrans ou des ennemis du bien public aux yeux de quelque homme abusé par de faux rapports, par des apparences trompeuses, par des passions sécrétes. S'il n'y a plus de sûreté, il n'y a plus de société ; il faut fuir dans les bois pour y vivre seul, isolé, ou bien il faut se hâter de tuer tous ceux qu'on pourroit soupçonner de vouloir attenter un jour à notre vie, au risque de faire périr dix innocens sur de vains soupçons. Il faut donc demeurer inébranlablement attaché aux principes de la loi naturelle qui nous dit : ne faites pas à un autre ce que vous ne voudriés pas qu'on vous fit ; n'assassinés point, parcequ'en aucun cas, vous ne voudriés pas être assassiné.

Miss *Champêtre* pour justifier l'action de *Mucius Scevola*, m'a prié de remarquer que les Romains étoient en guerre avec les Etruriens ; il est vrai qu'en tems de guerre, on est autorisé à tuer son ennemi, mais non pas à l'assassiner : j'aurois regardé *Mucius* comme un héros s'il eut cherché à tuer *Porsenna* à la tête de ses troupes, parcequ'alors ce Roi eut été en situation de défendre sa vie ; mais il cherche à l'attaquer & à le tuer par surprise : il n'est plus à mes yeux qu'un lâche assassin. Miss *Belotte* va vous apprendre ce que fit *Clélie* & ses compagnes, & Miss *Champêtre* pourra louer leur action sans contrainte.

### Miss BELOTTE.

*Porsenna* voulant accorder la paix aux Romains, il fût question de lui envoyer des ôtages, c'est-à-dire, des personnes qui dévoient rester dans son camp jusqu'à l'exécution des articles de paix. Vous remarquerés s'il vous plaît, Mesdames, que si on viole les conditions dont on est convenu, celui à qui on manque de parole, est en droit de faire mourir les ôtages, & que ces ôtages ne peuvent chercher à se sauver sans manquer à la foi publique. On choisit pour envoyer à *Porsenna*, douze jeunes hommes & douze jeunes filles des premiéres maisons de Rome ; parmi ces filles, il y en avoit une extrêmement belle, appellée *Clélie*. Apparemment, qu'elle s'apperçût que la vertu n'étoit pas fort en sûreté dans une armée où les fils de *Tarquin* étoient, elle fut trouver ses compagnes, & leur représenta avec force qu'il valoit mieux s'exposer à la mort que de risquer leur sagesse. Ces filles vertueuses approuvèrent ses craintes, & se jettèrent courageusement dans le Tibre. Mademoiselle *Scudery* qui a bâti un Roman de douze Volumes sur cette avanture, prétend que le péril ne fût pas bien grand, que ces héroïnes étoient assises sur des clayes poussées par des soldats ; ne lui en déplaise, elle diminue de beaucoup par-là la grandeur de l'action de *Clélie* : pourquoi ne pas dire que ces filles ou savoient nager, ou se saisirent des chevaux des ennemis pour faire ce trajet ? Quoi qu'il en soit, elles jettèrent la consternation dans Rome lorsqu'elles y arrivèrent, parceque leur fuite donnoit à *Porsenna* une juste raison de refuser la paix. On les renvoya sur le champ à ce Prince, en le priant d'excuser la timide vertu de ces filles. *Porsenna* au lieu de s'offenser de leur désertion, donna de grandes louanges à leur sagesse, & leur fit de magnifiques présens; il conçût même tant d'estime pour les Romains qu'il leur abandonna tout ce qui étoit dans son camp. Après la conclusion de la paix, les parens des compagnes de *Clélie* employèrent les présens que leurs filles avoient reçûs de *Porsenna*, à dresser une statuë à la courageuse *Clélie*.

### *Lady* VIOLENTE.

Ma Bonne, il me paroit que vous approuvés l'action de *Clélie* & de ses compagnes; mais en le faisant, n'êtes-vous pas en contradiction avec vos maximes? Vous nous avés dit qu'il n'y avoit aucun cas où l'on pût violer la loi naturelle. Cette loi nous défend d'exposer notre vie à un péril manifeste. Ces filles risquoient la leur, soit qu'elles passassent le Tibre à la nage ou à cheval; donc l'action de ces filles étoit mauvaise puisqu'elle blessoit la loi naturelle.

*Madem.*

*Madem.* BONNE.

Voilà un argument en forme, ma chere : certainement, vous allés devenir une adverſaire rédoutable ; il faut pourtant tâcher de vous répondre.

Remarqués s'il vous plaît, Meſdames, qu'il eſt des mouvemens involontaires produits par un péril violent ; c'eſt-à-dire, pour m'expliquer plus clairement, qu'il eſt des occaſions où notre âme fortement occupée d'un objet, eſt abſolument incapable de réflexion. Je vous le ferai comprendre par un exemple. Le feu prit il y a quelques années, dans une des cours de Lincoln's-Inn-fields. Cette cour a plus de ſoixante pieds de large. De bonnes gens qui demeuroient du côté de la cour oppoſé à celui du feu, s'éveillèrent en ſurſaut. La frayeur lia tellement toutes leurs facultés qu'ils ſe hâtèrent de jetter par la fenêtre ce qu'ils aimoient le mieux, le mari ſon porte-feuille, & la femme ſes porcelaines. Après cette belle expédition, ils deſcendirent dans la cour par la même fenêtre, à l'aide des draps de leur lit. Jamais il ne leur vint dans l'eſprit que leur eſcalier étoit libre ; jamais la femme ne penſa qu'en jettant ſes porcelaines par la fenê-

fenêtre, elles se briseroient en morceaux. La peur du feu avoit lié leur âme, & faisoit disparoître toute autre idée. Voilà justement le cas de nos Romaines, & ce qui me donne pour elles la plus grande vénération. Les dangers que couroit leur vertu, leur parûrent plus redoutables que le feu aux personnes dont je viens de vous parler. Leur âme toute occupée de cette crainte, n'étoit plus capable de réfléchir; si le danger eut été plus pressant, elles se seroient jettées dans un feu aussi bien que dans un fleuve, & toutes occupées du malheur qu'elles vouloient éviter, elles n'auroient pas pensé à celui dans lequel elles se jettoient.

Pour le soulagement de Miss *Champêtre*, je veux dire un mot d'*Horatius Coclès* qui fit une action véritablement belle. Les Romains ayant fait une sortie, furent repoussés avec tant de vigueur qu'ils prirent la fuite; les vainqueurs les poursuivirent, & Rome couroit risque d'être emportée ce jour-là, car les Etruriens alloient y entrer à la suite des fuyards. Dans cette occasion, *Horatius* résolût de se sacrifier pour sa patrie; il tint ferme à la tête du pont qui sans doute étoit étroit, & y arrêta les ennemis autant de tems qu'il en falloit pour
détruire

détruire derriére lui une partie du pont. Alors voyant Rome fauvée, il penfa à conferver fa vie, & montra par-là qu'il ne l'avoit rifquée que de fang froid ; il fe jetta donc dans le Tibre, & malgré fes armes qui étoient fort péfantes, malgré une nuée de flèches qu'on décochoit fur lui, il parvint à l'autre bord, & rentra triomphant dans Rome.

### Mifs CHAMPETRE.

Vous avoués donc, ma Bonne, que les Romains étoient fort courageux ?

### Madem. BONNE.

Je dis plus, ma chère : ils poffédoient un grand nombre de vertus morales qui avoient toutes pour bafe le travail & une vie dure ; c'eft ce qui me met de mauvaife humeur contre *Numa* : il eut été facile de faire goûter la vérité à des gens dont les mœurs étoient pures ; on peut juger du refpect qu'ils auroient eu pour un Dieu réel, par celui qu'ils confervèrent fi long tems pour des divinités abfurdes. S'ils euffent fait pour Dieu ce qu'ils firent pour leur patrie, ils auroient eu des places diftinguées

guées dans le ciel. Vous voyés, ma chère, que je rend justice aux Romains; soyez aussi équitable par rapport à un homme qui vint s'établir en ce tems à Rome. Je parle d'*Apius Claudius* qui va jouer un grand rôle dans notre histoire, & dont Mr. *Rollin* nous donne une idée très-fausse.

### *Miss* CHAMPETRE.

Mais, ma Bonne, est-ce que cet *Apius* n'étoit pas un homme dur, & d'une opiniâtreté qui impatiente?

### *Madem.* BONNE.

Je le vois d'une autre façon, ma chère. *Apius* me paroit un homme éclairé qui prévoit les suites funestes de la condescendance du Sénat envers un peuple séditieux qui les armes à la main vouloit extorquer des priviléges funestes au bien de la république. Sa prudence lui fit prophétiser tous les malheurs qui arrivèrent ensuite, & qu'on eut evités en suivant ses conseils. Voilà donc un procès bien établi entre vous & moi, ma chère; ces Dames, ou plûtôt
la

la suite des événemens le décideront. Continués, Lady *Senſée*.

*Lady* SENSE'E.

*Tarquin* après avoir vû périr tous ſes enfans, traîna long-tems une vieilleſſe malheureuſe & mépriſée, & mourût enfin miſérablement. Sa mort fit un grand plaiſir au Sénat qui ſe voyoit par-là dégagé de l'obligation de ménager une populace qui ſans doute ſe ſervoit à propos de la facilité qu'elle auroit à rappeller le Tyran. Ce fût alors qu'on éprouva les mauvais effets de la loi qui autoriſoit l'uſure, & de celle qui permettoit aux créanciers de maltraîter leurs débiteurs. Pluſieurs de ceux qui avoient dépenſé leur bien en ſervant la patrie, furent traînés dans les priſons; un vieux ſoldat s'en étant échappé, montra à la multitude ſon dos déchiré à coups de verges. Sur ces entrefaites, quelques peuples voiſins de Rome prirent les armes contre elle. Les Conſuls commandèrent au peuple de s'enrôler; les Romains répondirent qu'ils ne le feroient pas à moins qu'on ne donna une loi pour abolir les dettes. Les Conſuls preſſés de s'oppoſer aux ennemis qui ravageoient les environs de de Rome, commandèrent à leurs licteurs de se saisir de quelques-uns des plus séditieux ; ceux-ci se servent de la loi de *Publicola*, & demandent à être jugés par le peuple. Vous pensés bien, Mesdames, que le peuple qui étoit leur complice, approuva leur désobéïssance. Ainsi voilà Rome sans Magistrats, puisque ceux qui portent ce tître, n'ont plus droit ni de commander, ni de faire punir les coupables. Dans cette extrêmité, le Sénat s'assembla pour délibérer, & se trouva divisé en deux partis. Le premier, à la tête duquel étoit *Publicola*, vouloit satisfaire le peuple en accordant l'abolition des dettes. Le second, à la tête duquel étoit *Apius*, refusoit de souscrire à cette loi. Ce grand homme que Mr. *Rollin* appelle un homme dur, convint qu'il étoit juste de soulager ceux qui s'étoient ruinés en servant le Public : il déclara qu'il avoit plusieurs débiteurs de cette espéce, les prit à témoins qu'il ne les avoit jamais tourmentés, protesta qu'il leur remettoit de bon cœur les sommes qu'ils lui devoient, exhorta tous les Sénateurs à suivre son exemple ; mais il ajoûta, qu'il n'y avoit aucune puissance qui pût avec raison dépouiller un homme de ce qui lui appartenoit, que c'étoit un vol de priver un hom-

homme d'un argent qu'il avoit prêté sur la foi publique qui étant le soûtien de la société, devoit être inviolable; que cette même loi feroit un grand tort au peuple, puisqu'il ne trouveroit plus à emprunter à l'avenir dans ses plus pressans besoins. Ces bonnes raisons furent écoutées; mais on manqua de fermeté dans le Sénat. Les Sénateurs déterminés à ne point ceder au peuple, cherchèrent à l'amuser; on promit de penser à l'abolition des dettes lorsqu'on auroit chassé les ennemis, & pour forcer le peuple à s'enrôler, on créa un nouveau Magistrat sous le nom de Dictateur. Son autorité étoit si absoluë qu'il pouvoit sur le champ condamner un homme à la mort, & cette autorité pouvoit durer six mois.

### Miss SOPHIE.

Miséricorde! voilà le despotisme établi dans Rome.

### Madem. BONNE.

Remarqués, ma chère, que c'est un despotisme qui succéde à un autre. Il étoit auparavant chés le peuple; le voilà dans
le

le Sénat : toute la différence qu'il y a, c'est que d'abord Rome avoit autant de Tyrans qu'elle avoit de citoyens, & que dans cette seconde occasion, elle n'avoit qu'un seul Tyran. Vous voyés, Miss *Champêtre*, le bel effet des loix de *Publicola*. Elles mettent le peuple en liberté, ou d'exiger une chose injuste, ou de laisser tomber Rome au pouvoir des ennemis. Remarqués encore, ma chère, que la trop grande liberté du peuple touche au moment du despotisme pour les grands ; ceux-ci se lassent d'être en bute aux caprices d'une multitude qui consulte rarement la raison, & pour sécoüer le joug qu'elle veut leur imposer, ils sont forcés de sortir des bornes d'une autorité légitime, & de soûmettre par la force ceux qui ne veulent pas obéïr de bonne volonté.

### *Lady* VIOLENTE.

Ma Bonne, l'histoire m'amuse beaucoup; mais il y a un siécle que nous n'avons parlé de philosophie : nous avons aussi absolument abandonné l'histoire ancienne.

### *Madem.* BONNE.

Nous réprendrons l'histoire ancienne cet hivèr,

hiver, mes enfans ; mais ce ne sera qu'après être arrivées au tems où l'histoire Romaine est mêlée avec celle des autres Nations : par rapport à la philosophie, nous en avons eu aujourd'hui une leçon fort ample.

*Lady* VIOLENTE.

Est-ce que j'ai dormi depuis que je suis entrée ? Je n'en ai pas entendu un seul mot.

*Madem.* BONNE.

Lady *Violente* pense tout haut, c'est-à-dire, qu'elle parle sans réflêchir. Revenons à nos principes, ma chère. Quelle espéce de philosophie nous sommes-nous déterminées à apprendre ?

*Lady* VIOLENTE.

Celle qui nous enseigne l'art d'être heureuse en écartant les obstacles du bonheur.

*Madem.* BONNE.

Est-ce au dedans ou au dehors de nous que se trouvent les obstacles du bonheur ?

*Lady*

### Lady VIOLENTE.

C'est au dedans de nous : les passions des autres ne peuvent altérer notre félicité ; les nôtres seules peuvent troubler notre paix.

### Madem. BONNE.

Quelle est celle de toutes nos passions qui est la plus contraire au bonheur ?

### Lady VIOLENTE.

Je ne puis répondre pour les autres ; mais je sais bien qu'en moi c'est l'orgueil qui produit l'obstination, la haine, l'horreur de la contradiction, l'amour du commandement, de l'indépendance & des distinctions.

### Madem. BONNE.

Les réflexions sur une histoire où l'on voit par des exemples frappants les suites funestes de la confiance en ses lumières, de l'amour de l'indépendance, & de toutes les autres filles de l'orgueil, peut donc à juste titre être appellée une leçon de philosophie, de géométrie même, puisque je vous

vous offre à péser les avantages de l'observation des loix, avec la peine qu'on auroit à les observer, & les inconvéniens qui arrivent lorsqu'on s'en écarte. Adieu, mes enfans! venés de bonne heure demain ; nous aurons une longue leçon, & ce sera la dernière de cette année, car nous partirons pour la campagne à la fin de cette semaine, & nous avons besoin de quelques jours pour nous préparer à notre voyage.

## SEPTIÉME JOURNÉE.

### *Madem.* BONNE.

LAdy *Mary*, Mesdames, va nous répéter la leçon du St. Evangile.

### *Lady* MARY.

Alors Jésus vint de la Galilée au Jourdain trouver *Jean* pour être bâtisé par lui. Mais *Jean* s'en défendoit en disant : c'est moi qui doit être bâtisé par vous, & vous venés à moi ? Et Jésus lui répondit : laissés-moi faire pour cette heure ; car c'est ainsi

ainsi que nous devons accomplir toute justice. Alors *Jean* ne lui résista plus. Or Jésus ayant été bâtisé, sortit hors de l'eau, & en même tems les cieux lui furent ouverts; il vit l'Esprit de Dieu qui descendit en forme de colombe, & qui vint se reposer sur lui, & au même tems une voix se fit entendre du ciel qui disoit : celui-ci est mon fils bien-aimé dans lequel j'ai mis toute mon affection.

### *Madem.* BONNE.

Jésus-Christ, Mesdames, continue à nous donner l'exemple de l'humilité : il s'étoit mis au rang des pécheurs dans la circoncision, dans la présentation ; il le fait alors dans le bâtême. Que cet exemple nous apprenne à ne point aimer les distinctions ! C'est dans l'instant où Jésus-Christ s'abaisse que le Père Eternel manifeste sa gloire : comme s'il eut voulû nous apprendre par-là que le seul moyen d'être glorifié avec Jésus, est de nous humilier avec lui. Continués, Miss *Sophie*.

### *Miss* SOPHIE.

Alors l'Esprit mena Jésus dans le désert
pour

pour y être tenté ; après qu'il eut jeûné quarante jours & quarante nuits, il eut faim, & le tentateur s'étant approché de lui, il lui dit : si vous êtes le fils de Dieu, faites que ces piérres se changent en pain. Jésus lui répondit : l'homme ne vit pas seulement de pain, mais aussi de toute parole qui sort de la bouche de Dieu.

Alors le démon le prit, & l'ayant porté sur le haut du temple, il lui dit : si vous êtes le fils de Dieu, jettés-vous en bas, car il est écrit que les anges vous porteront entre leurs mains, de peur que vous ne heurtiés le pied contre quelque pierre. Jésus lui répondit : il est aussi écrit, vous ne tenterés point le Seigneur votre Dieu.

Alors le démon le prit pour la seconde fois, & l'ayant porté sur une haute montagne, il lui montra tous les royaumes de la terre avec leur gloire, & lui dit : je vous donnerai toutes ces choses si vous voulés vous prosterner devant moi & m'adorer. Alors Jésus lui dit : retire-toi, Satan, car il est écrit : tu adoreras le Seigneur ton Dieu, & tu ne serviras que lui seul. Alors le démon le laissa, & il vint des anges qui le servirent.

*Madem.*

*Madem.* BONNE.

Pour bien entendre cet Evangile, vous devés favoir que tous les facrifices & les cérémonies que Dieu avoit ordonnés par *Moïfe*, étoient des types, c'eft-à-dire, des figures de Jéfus Chrift. Or un des types de l'ancien teftament étoit le bouc émiffaire. Le prêtre prenoit un bouc qu'il chargeoit de tous les péchés du peuple, & après avoir prononcé des malédictions fur lui, il le chaffoit dans le défert pour y être dévoré par les bêtes. C'eft cette figure que Jéfus voulût accomplir lorfqu'il s'enfonça dans le défert. Il y entra comme le bouc émiffaire chargé de tous les péchés des hommes. Oh! Mefdames, qui pourroit comprendre ce que Jéfus fouffrit fous cette odieufe qualité? Pour nous faire éviter l'enfer, il en fouffrit la peine la plus cruelle, c'eft-à-dire, qu'il reffentit le poid de la colére de Dieu, comme il le fit dans le jardin des olives & fur la croix. Repréfentons-nous ce divin Sauveur proflerné contre terre, implorant avec de grands cris & des larmes amères la miféricorde de Dieu pour tous les hommes en général & pour châque homme en particulier. Oui, Mefdames, Jéfus n'employa l'influence de fa divi-

divinité que pour augmenter à son humanité la faculté de souffrir. Les péchés sans nombre qui devoient être commis, furent présens à son imagination sacrée comme ceux qui étoient déjà passés. Il pleura sur chacune de nous, il demanda miséricorde pour chacune de nous : hâtons-nous de nous joindre à lui pour gémir sur nos fautes ; présentons à Dieu l'amertume de sa douleur pour suppléer à l'imperfection de la nôtre.

Pésons encore, Mesdames, toutes les circonstances de cet Evangile. Dites-moi ce que vous en pensés, Lady *Spirituelle?*

### Lady SPIRITUELLE.

D'abord, je voudrois bien savoir si le diable savoit que Jésus-Christ étoit le fils de Dieu, & s'il le savoit, comment avoit-il l'audace de le tenter ?

### Madem. BONNE.

La Sainte Ecriture ne décidant rien sur cet article, nous pouvons consulter notre raison, & selon ses lumiéres, il paroit assuré & que Satan ne connoissoit pas Jésus, & qu'il avoit une grande passion de le connoître ; nous le voyons clairement, car il dit

dit en deux différentes fois : *si vous êtes le fils de Dieu*. Les prodiges qui avoient accompagné l'humble naissance de Jésus, l'accomplissement des prophéties, avoient sans doute donné de grands soupçons à Satan sur la divinité de Jésus ; mais ce prince des orgueilleux ne pouvoit sans doute concilier la majesté du Tout-Puissant avec la bassesse apparente de sa naissance, de sa vie cachée, de sa circoncision, de sa présentation, & de son bâtême. Dites-nous ce que vous pensés de cet Evangile, Miss Belotte ?

### Miss BELOTTE.

Je ne comprend pas, comment le démon pût montrer à Jésus tous les royaumes du monde ; il eut fallû qu'il opéra un miracle en donnant aux yeux de Jésus plus d'extension que n'en ont les yeux d'un homme.

### Lady VIOLENTE.

Et croyés-vous, ma chère, que le corps de Jésus fût formé comme celui des autres hommes ? Pour moi, je m'imagine qu'il avoit des sens dont l'usage étoit beaucoup plus étendu, & qu'il avoit aussi une complexion

plexion plus forte que la nôtre, sans quoi il auroit succombé à ses douleurs.

### Madem. BONNE.

Prenés garde, Madame, que Jésus avoit pris notre nature, qu'il avoit un corps sujet au besoin de manger, de dormir, qu'il se fatiguoit en marchant, & que son corps pour être formé plus parfaitement que les nôtres, n'en étoit que plus sensible à la douleur. Je ne crois donc pas que sa vûë pût s'étendre beaucoup plus que la nôtre, & il étoit impossible qu'il vit en même tems tous les royaumes du monde : le démon les peignit à son imagination ; ce fût sans doute une vision.

### Lady MARY.

Je ne vous apprendrai rien de nouveau, Mesdames ; mais avoués que le diable est un effronté menteur. *Je vous donnerai toutes ces choses*, dit-il à Jésus. L'impudent ! Etoient-elles à lui pour les offrir & les promettre ?

### Madem. BONNE.

Hélas ! ma chère *Mary*, le diable nous tend tous les jours avec succès le même piége qu'il tendit vainement à Jésus. Combien de fois a-t-il peint à notre imagination les grandeurs, les richesses, & les plaisirs, en nous disant : je vous donnerai toutes ces choses si vous voulés désobéir à Dieu & suivre mes inspirations, mes maximes & celles du monde, mon serviteur? Oh! Mesdames, je frémis pour vous lorsque je pense que vous allés être en proyes à toutes les tentations de ce lion rougissant qui comme dit l'Ecriture, rode sans cesse autour de nous pour nous dévorer : il ne vous parlera pas lui-même, il vous feroit horreur; mais il se mettra sur la langue de ces beaux esprits qui tournent en ridicule ceux qui ont de la réligion, de ces sages du siécle qui font consister toute la science à devenir riche, heureux. Vous leur entendrés dire : la vie est courte, employons-en tous les momens à nous divertir. Jouissons des plaisirs pendant que nous sommes jeunes : écartés de votre esprit toutes les idées de morale dont on vous a bercées; vous serés raisonnables quand vous aurés cinquante ans. Tremblés, Mesdames, & répétés plusieurs fois le jour cette demande de la priére que Jésus-Christ nous a dictée : *Ne permettés pas que nous soyons vaincues par la tentation.*

Lady

## Lady LOUISE.

Ma Bonne, tous les hommes font-ils foux ou enforcelés ? Nous fommes chrétiennes, c'eft-à-dire, que nous croyons tout ce qui eft contenu dans l'Evangile : par quel enchantement arrive-t-il que nous agiffions comme nous le ferions fi nous n'en avions jamais entendu parler ? car enfin, je veux bien vous l'avouer, on me tient tous les jours les difcours dont vous venés de parler ; on vous eftimoit autrefois beaucoup plus qu'aujourd'hui, je m'explique. La premiére année que vous avés eu la bonté d'inftruire ces Dames, vos leçons ne tomboient que fur les vertus morales : le fils de *Cicéron* eut pû les entendre ; car il n'étoit point queftion de chriftianifme, ou du moins les leçons à cet égard étoient telles qu'il convenoit à des enfans. Cela étoit trouvé admirable. Mais depuis que vous avés eu la bonté de nous inftruire & d'entrer dans un détail exact des devoirs du chrétien, on vous trouve ridicule ; il femble que ce foit une nouvelle religion que vous formiés. J'ai fouvent dit à ceux qui blâment votre conduite, que vous ne nous enfeigniés rien qui ne fût

strictement conforme à la morale de l'E-
vangile. Ces personnes ou ne l'ont pas
lû, ou l'ont lû sans attention, & ne veulent
point y voir ce que vous nous enseignés.

### *Lady* SPIRITUELLE *en riant.*

Ma Bonne, reconciliés-vous avec ces
honnêtes gens ; parlés-nous de morale en
général, superficiellement, comme en par-
lent un grand nombre de prédicateurs.
J'en ai entendu un qui étoit bien plus ac-
commodant que vous ; il disoit que ces
paroles de Jésus : *renoncés à vous-même,
portés votre croix, haïssés votre âme* ; re-
gardoient les premiers chrêtiens, & point
ceux d'aujourd'hui. Que ne parlés-vous
comme lui ! Vous plairiés à tout le monde.
En un mot, ma Bonne, faites de nous
d'honnêtes payennes.

### *Madem.* BONNE.

Vous croyés badiner, ma chère ; on ne
demande pas autre chose aujourd'hui dans
le monde. Mais, helas ! cette vertu payenne est la chose impossible ; c'est de la
fausse monnoye qui ne peut soûtenir l'é-
preuve. Pour être juste d'une façon solide,

il

il faut être chrétien ; pour être chrétien, il faut observer strictement tous les préceptes de l'Evangile. On croit, Mesdames, que je veux vous conduire à une perfection qui ne convient pas aux personnes du monde ; on s'abuse, je ne vous dis que ce qu'il faut faire absolument pour entrer dans le ciel. Examinons-le en philosophe : peut-être l'ai-je déjà fait ; n'importe, c'est pour ainsi dire, le seul point qu'il est nécessaire d'approfondir : vous en conviendrés si vous voulés faire une réflexion.

J'ai trouvé dans ma vie des méchans de toute espéce ; cependant, je n'en ai pas trouvé un seul qui voulût renoncer au ciel, & qui fût déterminé à aller en enfer. Examinons les différentes classes des méchans, c'est-à-dire, de ceux qui ne conforment pas leur vie à l'Evangile.

Les premiers sont ceux qui négligent de s'en instruire, & qui disent pour s'excuser de le faire : *je n'ai pas le tems*. Mes affaires m'occupent, & Dieu ne me demande pas une étude que je ne pourrois faire qu'aux dépens de mes autres devoirs.

Les seconds sont ceux qui lisent ou entendent l'Evangile sans attention, parceque l'habitude de la dissipation ne leur permet pas un moment de réflexion.

Les troisiémes, & c'est le plus grand nombre, sont ceux qui se persuadent que tout ce qu'il y a de pénible dans l'Evangile, doit être regardé comme conseil & non comme précepte; que cela n'oblige que les gens d'église & non pas les personnes du monde, ou tout au plus que cela ne regarde que ceux qui tendent à la perfection & qui ambitionnent une grande place dans le ciel, & non pas ceux qui ne veulent précisement que faire leur salut. C'est l'erreur de ces derniéres personnes que je veux combattre, si je puis les convaincre que l'obligation de pratiquer tous les préceptes de l'Evangile, est absolue pour tous les chrêtiens ; qu'il faut se déterminer à renoncer au ciel ou à les pratiquer tous sans exceptions. Assûrement, elles changeront d'opinion ; mais pour les en convaincre, je n'aurai pas récours à la foi qu'elles n'ont pas, c'est à leur raison que je veux parler. Lady *Violente*, voici de la philosophie ; écoutés avec attention, Mesdames.

Dites-moi, ma chère, si vous n'aviés jamais entendu parler de réligion & de morale, comment vous vous comporteriés en suivant la pure nature ?

*Lady*

## Làdy VIOLENTE.

Ah vraiment! je vais vous dire de belles choses. 1) Ma Bonne, je voudrois toûjours faire ma volonté, c'est ce que j'aime le plus dans le monde. Je bannirois toute régle, toute contrainte. Je dormirois le jour, je veillerois la nuit, je mangerois quand j'aurois faim sans m'embarrasser des heures; je prendrois un livre & lirois douze heures de suite si cela m'amusoit; je jetterois les livres s'ils m'ennuyoient; j'en ferois autant de l'ouvrage, des compagnies &c. . . .

2) Je ne pourrois souffrir aucune contradiction, & je querellerois, je battrois même ceux qui ne m'obéïroient pas, supposé que je fusse la plus forte, & si je ne l'étois pas, je leur ferois tout le mal qui dépendroit de moi.

3) Je souhaiterois d'être riche, & je tâcherois de le devenir par toutes sortes de moyens, afin d'être en état de satisfaire toutes mes fantaisies tantôt bonnes, tantôt mauvaises; ce seroit le caprice qui régleroit l'emploi de mon bien.

4) Je ne serois occupée du matin jusqu'au soir qu'à éviter la douleur & à me procurer du plaisir sans m'embarrasser du

cha-

chagrin & du plaisir des autres que je n'aimerois qu'à proportion de la satisfaction qu'ils me donneroient. Voilà à peu près ce que je ferois dans l'état de pure nature.

### Madem. BONNE.

Et ce que nous ferions toutes, Mesdames, si la lumière de l'Evangile ne nous apprenoit à rectifier tous nos mouvemens.

### Miss CHAMPETRE.

Mais, ma Bonne, on pourroit vous objecter que les payens qui n'avoient pas non seulement les lumières de l'Evangile, mais encore la loi écrite, ont vécû avec une pureté de mœurs que les chrétiens ne peuvent s'empêcher d'admirer, & qu'ils n'ont pas le courage d'imiter.

### Madem. BONNE.

Je vous avoue, ma chère, que j'ai pensé autrefois comme vous sur cet article; mais après l'examen le plus exact & le plus désintéressé, il ne m'a pas été possible

sible de trouver une seule vertu irréprochable dans le paganisme. Je ne parle pas de ce que la foi nous oblige de croire. St. *Paul* inspiré par le St. Esprit nous apprend que les mœurs des Sages du paganisme ont été corrompues, & que cette corruption étoit un châtiment de leur injustice envers Dieu, puisqu'après l'avoir connû par ses œuvres, ils ne l'avoient pas glorifié. Je laisse à part, dis-je, ce que la foi m'apprend sur cet article, & je le décide par les seules lumiéres de la raison & de l'expérience; elles m'apprennent que les héros du paganisme étoient vicieux, en dépit de toute leur philosophie. Remarqués bien, Mesdames, que la vertu n'est pas un être imaginaire. C'est un être réel, immuable, qui ne dépend point de l'imagination des hommes, puisqu'elle n'est autre chose que la souveraine volonté d'un être qui ne peut changer, & qui étant la souveraine equité & justice, ne peut jamais être plié à l'imperfection. Je vais m'expliquer plus clairement. Si les hommes raisonnoient d'après leurs lumiéres naturelles, ils auroient sans doute une juste idée de la vertu; mais s'ils raisonnent d'après leurs inclinations & leurs intérêts, ils se feront une vertu factice, c'est-à-dire,

qu'ils

qu'ils canoniferont des vices, car il n'y a point d'intervalle entre le vice & la vertu. Tout ce qui eft le contraire de la vertu, eft vice; tout ce qui eft le contraire du vice, eft la vertu. Ce principe pofé. Nous trouverons chés les plus honnêtes payens des vices honorés du nom de vertu; mais parcequ'ils ont été fidéles à la pratique de ces fauffes vertus, il n'en faut pas conclure qu'ils ayent été vertueux. Je dis hardiment fans craindre le cri que jetteront contre moi les défenfeurs des vertus payennes : il n'y avoit pas un feul honnête homme à Sparte, parcequ'ils étoient fidéles à la pratique du vice décoré du nom de vertu.

### *Mifs* BELOTTE.

Mais, ma Bonne, il y avoit bien de vices dont les Lacédémoniens & les autres payens avoient horreur; il y avoit bien de vertus pratiqués chés eux, par exemple, le refpect pour les vieillards, la fobrieté, & bien d'autres.

*Madem.*

*Madem.* BONNE.

Comprenés-moi bien, mes enfans. Je ne dis pas que les payens n'eussent aucune vertu, mais qu'ils n'avoient pas la vertu que le créateur exige de sa créature, la vertu nécessaire pour aller au ciel; car voici dequoi il est question. J'ai soûtenû que l'Evangile & l'ancien Testament étoient seuls capables depuis leur publication de nous donner l'idée de la perfection pour laquelle l'homme est formé. Secondement, que les Saintes Ecritures après nous avoir donnés l'idée de cette perfection, pouvoient seules nous enseigner les moyens de la pratiquer. Les payens ont donc eu de bonnes qualités, & les plus méchans d'entre nous, n'en ont-ils pas ? Combien d'avares sont chastes, tempérés, ont horreur de la médisance & de la calomnie ? Il peut même s'en trouver qui détestent le mensonge. Voilà de bien bonnes qualités, vous le voyés ; mais elles ne sont que conditionelles. L'avare les chérira tout le tems où sa passion dominante n'aura rien à démêler avec elle ; mais s'il se présente une occasion de gagner une grosse somme d'argent, adieu la sagesse, l'horreur de la médisance, du mensonge : l'avare abandon-

nera

nera les vertus qui paroissoient lui être le plus naturelles & les plus chères ; elles son toûjours au service de son avarice.

*Lady* LUCIE.

Je commence à comprendre que la vertu est une, qu'elle ne peut être divisée, & qu'à moins de les chérir toutes, il n'est pas possible d'en posséder réellement aucune.

*Lady* LOUISE.

Et moi, je comprends la raison pour laquelle j'ai été la dupe des vertus payennes, & même des vertus des honnêtes gens qui n'ont pas de réligion. L'occasion de sacrifier leurs vertus factices à leur passion dominante est rare ; il peut même arriver qu'elle ne se trouve jamais, ou qu'elles soient sacrifiées en sécret. Mais d'abord qu'un homme est déterminé à les abandonner pour son penchant favori, dès-lors il cesse d'être vertueux, & comme ma Bonne l'a fort bien remarqué, c'est de la fausse monnoye. Mais, ma Bonne, il me reste une autre difficulté bien pénible. Permettésmettés-moi pour la faire dans toute sa force de reprendre votre raisonnement.

La Sainte Ecriture nous donne seule l'idée de la vraye vertu.

C'est seulement la Sainte Ecriture qui nous enseigne les moyens de pratiquer la vraye vertu. Donc ceux qui vivoient sous la loi de nature avant *Moïse*, donc cette foule innombrable de peuple qui ne connoissoient pas l'Evangile, ne pouvoient ni connoître, ni pratiquer la vraye vertu ; donc ils n'étoient pas coupables s'ils manquoient à une chose qu'il n'étoit pas en leur pouvoir de faire.

### *Madem.* BONNE.

En vérité, Madame, vous me surprenés. Vous avés posé votre difficulté avec une clarté, une précision admirable. Je vais tâcher de rendre ma réponse aussi claire. Reprenons notre premier principe. *Il y a un Dieu.* Vous savés que ce nom renferme l'idée de toutes les perfections. C'est cette idée qui vous fait conclure qu'il n'y a point de devoirs pour celui qui n'en est point instruit, lorsque son ignorance est invincible, c'est-à-dire, lorsqu'il n'a eu aucun moyen de s'en instruire. Voilà le cas des idolâtres qui n'ont jamais entendu parler de la Sainte Ecriture. Auſſi St. *Paul* ne condamne les payens que parcequ'ils n'ont pas adoré un Dieu qu'ils ont connû; car il eſt certain que Dieu eſt trop bon pour faire un crime d'une ignorance involontaire. Il faut voir ſi nous trouverons dans la Sainte Ecriture l'explication de cette énigme. Lady *Senſée*, répétés-nous, je vous prie, l'Evangile des talens.

### Lady SENSE'E.

Jéſus parlant en paraboles, dit au peuple: Un homme voulant faire un grand voyage, appella ſes ſerviteurs, & leur diſtribua ſon bien pour le faire valoir, chacun ſelon leur capacité. Il donna à l'un cinq talens, à un autre deux, & au troiſiéme un. Le maître étant de rétour, le premier de ſes ſerviteurs ſe préſenta devant lui, & lui dit: Seigneur, vous m'aviés donné cinq talens, en voilà encore cinq autres que j'ai gagnés par deſſus. Son maître lui répondit: vous êtes un bon & fidéle ſerviteur; parceque vous avés été fidél. en de petites choſes, je vous établirai ſur de grandes:

grandes : entrés dans la joye de votre feigneur.

Celui qui avoit reçû deux talens s'étant préfenté, dit : Seigneur, vous m'aviés donné deux talens, en voilà deux autres que j'ai gagnés par deffus. Son maître lui dit : vous êtes un bon & fidéle ferviteur ; parceque vous avés été fidéle en de petites chofes, je vous établirai fur des grandes : entrés dans la joye de votre feigneur.

Enfin le troifiéme s'étant préfenté, lui dit : Seigneur, je favois que vous êtes un homme dur & auftére qui moiffonniés où vous n'aviés point femé, c'eft pourquoi j'ai caché votre talent dans la terre ; le voici, reprenés ce qui eft à vous.

Le maître lui dit : méchant ferviteur, puifque vous faviés que j'exigeois plus que je n'avois donné, il falloit mettre mon argent à la banque, afin qu'à mon rétour je pûffe le rétirer avec ufure ; puis s'adreffant à fes autres ferviteurs, il leur dit : qu'on ôte le talent à ce pareffeux, & qu'on le donne à celui qui en a déjà dix, car on donnera à celui qui a déjà ; & pour celui qui n'a pas, on lui ôtera ce qu'il paroiffoit avoir.

*Madem.*

*Madem.* BONNE.

Vous n'avés pas répété cette parabole mot pour mot, ma chère ; mais le sens y est. Examinons, comment elle peut expliquer la difficulté de Lady *Louise*. Je vois premiérement un père de famille qui ne doit rien à ses serviteurs, & qui pourtant leur donne. Est-ce à proportion de son amitié pour eux ? non ; à proportion de leur talent & capacité. Secondement, je vois un maître juste qui ne demande à chacun que selon qu'il lui a donné, & qui paroit aussi content du serviteur qui n'a gagné que deux talens, que de celui qui en a gagné cinq. Troisiémement, je vois un juge équitable qui punit ceux qui abusent de ses dons en les leur ôtant, & qui les augmente pour ceux qui en profitent.

Appliquons cette parabole à trois sortes de personnes. Les cinq talens, c'est les lumiéres de l'Evangile qui sont donnés à tous les chrêtiens : ceux qui adorent Dieu & non Jésus-Christ, comme les Turcs & les Ariens, sont ceux qui ont reçû les deux talens ; enfin les payens & les idolâtres qui n'ont que la loi naturelle, sont ceux qui ont reçû un seul talent. Qu'est-ce que Dieu demande

à

à ces trois sortes de personnes ? de faire valoir les talens qu'ils ont reçûs : le chrêtien, en travaillant châque jour à devenir parfait par la pratique des préceptes Evangéliques ; l'infidéle, en rendant à Dieu un culte tel que sa conscience le lui dicte ; le payen, en accomplissant les devoirs de la loi naturelle que Dieu a gravés au fond de son cœur. Qu'arrivera-t-il de cette fidélité à pratiquer ce que l'on sait, à faire valoir son talent ? une augmentation de talens, c'est-à-dire, de lumiére. Dieu feroit un miracle s'il étoit nécessaire pour découvrir son Evangile à celui qui fait profiter le talent qu'il a reçû, & la grace que Dieu lui offroit pour le faire profiter. Ne croyés pas, Mesdames, que cette promesse que je fais d'un miracle à ceux qui font profiter leur talent, soit une témérité de ma part ; je vais vous prouver par plusieurs exemples tirés de la Sainte Ecriture que j'ai été fondée à parler si hardiment.

Vous concevés donc, Lady *Louise*, que la justice & la bonté de Dieu sont parfaitement d'accord. Récapitulons ce que je viens de dire. Nul ne va au père que par le fils, dit *Jésus* dans l'Evangile.

Donc

Donc on ne peut aller à Dieu sans la connoissance du fils qui nous est donné dans l'Evangile qui est la porte de la foi.

Dieu n'a pas donné à tous la connoissance de l'Evangile; mais nul qui n'ait son talent, & comme le père de famille augmente les talens à mesure qu'on les fait profiter, il augmentera le talent de ceux qui suivent la lumière naturelle, en y joignant celui de la foi.

Ceux qui n'auront pas reçû la foi, seront donc justement punis, parceque Dieu étoit à leur porte avec ce précieux don, prêt à le leur donner s'ils eussent commencé à profiter du premier don qu'il leur avoit fait dans la loi naturelle. Lady *Louise*, ai-je répondu à votre objection ? *

* Lorsque je parle du pouvoir qu'ont les payens de suivre la loi naturelle, & que j'ajoûte que la foi sera la récompense de leur fidélité, je n'entends pas dire qu'ils puissent l'observer par leurs propres forces, & que de nous-même nous puissions rien faire qui mérite la foi & le salut; ce sont des dons purement gratuits, parceque nous ne pouvons les obtenir qu'à l'aide d'une grace prévenante que Dieu accorde à tous les hommes. Il fait en nous le commencement & la fin du salut.

*Lady*

*Lady* LOUISE.

Aſſûrement, ma Bonne. Seulement cette promeſſe d'un miracle pour amener un payen à la foi, me paroit bien forte, & j'ai beſoin d'en trouver des preuves dans la Sainte Ecriture.

*Madem.* BONNE.

Remarqués, Meſdames, qu'il y a de deux ſortes de miracles. Les premiers ſont ceux de la conſervation, du pouvoir de la providence, de ſon adreſſe, ſi je puis employer ce terme, à faire ſervir à l'accompliſſement de ſes deſſeins, les choſes qui y paroiſſent les plus oppoſés. Comme ces miracles ne ſe font que par la direction des choſes naturelles, nous ne les regardons pas comme miraculeuſes quoiqu'elles le ſoient réellement. Dieu les employe preſque toûjours ſans faire à nos yeux ce que nous appellons réellement miracles; cependant, il n'eſt point avare de ces derniers lorſqu'il eſt queſtion de doubler le talent de celui qui fait profiter celui qu'il a reçû. Nous trouverons des exemples de ces effets de ſa toute puiſſance dans les actes des apôtres. Lady *Spirituelle*, dites-nous l'hiſl'histoire de *Corneille* le Centénier; mais ne vous embarrassés pas strictement des termes. C'est une histoire que vous racontés, & non une leçon que vous répétés.

### *Lady* SPIRITUELLE.

Il y avoit un Centénier Romain, c'est-à-dire, un Officier qui commandoit à cent soldats. Cet homme quoiqu'élévé dans le paganisme, avoit réconnû qu'il n'y avoit qu'un Dieu, & il le prioit souvent & avec ferveur; il faisoit aussi de grandes aumônes. Ce Centénier se nommoit *Corneille*. Un jour qu'il faisoit sa priére, un ange tout brillant de gloire lui apparût, & lui dit: *Corneille*, vos priéres & vos aumônes sont montés jusqu'au ciel, c'est pourquoi le Seigneur m'a envoyé vers vous. *Corneille* saisi de frayeur, dit à l'ange avec tremblement: Seigneur, que faut-il que je fasse? L'ange lui répondit: envoyés dans la ville de Joppé chés un corroyeur, nommé *Simon*; vous ferés demander en ce lieu un homme qu'on appelle *Pierre*, il vous dira ce que vous avés à faire. *Corneille* après avoir remercié Dieu, se hâta de lui obéïr, & envoya deux personnes à Joppé.

Souvenés-vous, Mefdames, que la loi que Dieu avoit donné par *Moïfe*, défendoit aux Juifs d'avoir aucun commerce avec les payens, & que l'on étoit fouillé en entrant dans leur maifon. La bonté de Dieu envers *Corneille* ne fe contenta pas d'un premier miracle; elle en fit un fecond pour déterminer St. *Pierre* à fe rendre à l'invitation du Centénier. L'apôtre voulant prier, fe rétira au plus haut de la maifon, pour le faire avec plus de recueillement; alors Dieu lui envoya une grande faim, & il vit defcendre du ciel une nape qui étoit liée par les quatre coins. Il y avoit dans cette nape toutes fortes d'animaux que la loi de Dieu défendoit de manger & qui étoient regardés comme impurs. Pendant que *Pierre* examinoit ce prodige avec grande attention, il ouit une voix qui lui dit: levés-vous, *Pierre*; tués de ces animaux, & en mangés. A Dieu ne plaife que je commette une telle faute, répondit *Pierre*; je n'ai jamais rien mangé d'impur & de fouillé. N'appellés point impur ce que Dieu a purifié, réprit la voix. La même chofe arriva jufqu'à trois fois, & alors la nape fût rétirée dans le ciel. Pendant que *Pierre* examinoit ce que cette vifion pouvoit fignifier, le Seigneur lui dit: il y a là bas deux hom-

hommes qui vous demandent; suivés-les, car c'est moi qui les ai envoyés. *Pierre* obéït au Seigneur, & étant arrivé dans la maison de *Corneille*, ce Centénier lui apprit la vision qu'il avoit eue, & le pria de l'instruire lui & toute sa famille. *Pierre* commença à leur annoncer Jésus; & pendant qu'il leur parloit encore, toutes ces personnes reçûrent le St. Esprit, & commencèrent à parler diverses langues, ce qui surprit beaucoup quelques Juifs convertis qui avoient accompagné St. *Pierre*. L'apôtre qui vouloit ménager leur foiblesse, leur dit: il n'est pas possible de refuser le bâtême à ceux qui ont comme nous reçû le St. Esprit, & ayant bâtisé toutes ces personnes, *Pierre* se rétira plein de joye de voir le miracle que Dieu avoit fait en faveur des payens.

### *Madem.* BONNE.

Vous voyés, Mesdames, que *Corneille* en profitant des lumiéres naturelles qui lui avoient appris qu'il n'y avoit qu'un Dieu, qu'il falloit le prier & assister son prochain, est l'accomplissement ou plûtôt la réalité de la parabole des talens. C'étoit un fidéle serviteur qui avoit fait profiter le talent de la loi de nature

avec

avec le secours de la grace de Dieu ; il en reçût un autre par-dessus qui fût le don de la foi. Cet exemple suffiroit pour prouver la vérité que je vous ai annoncée ; mais elle est si consolante, elle justifie si glorieusement la justice de Dieu dans la condamnation du serviteur paresseux, que je vous en donnerai encore deux autres. Miss *Molly*, rapportés-nous l'histoire du bâteme de l'Eunuque de la Reine *Candace*.

### Miss MOLLY.

Un jour le St. Esprit commanda à un des disciples de Jésus, nommé *Philippe*, d'aller dans un endroit désert. Lorsqu'il y fût, il trouva un chariot dans lequel il y avoit un homme qui lisoit à haute voix les prophéties d'*Isaïe*. Cet homme étoit Intendant des trésors de *Candace*, Reine d'Ethiopie ; il avoit sans doute embrassé la loi de *Moïse*, car il venoit alors d'adorer Dieu à Jérusalem. *Philippe* demanda à l'Eunuque : entendés-vous ce que vous lisés ? Eh ! comment l'entendrois-je, répondit l'Eunuque, si personne ne me l'explique ? En même tems, il pria *Philippe* de monter dans son chariot. L'Eunuque en étoit alors à ces paroles d'*Isaïe*: *il a été mené*

mené comme un agneau à la boucherie, & tout le reste de ce passage. *Isaïe*, demanda l'Eunuque, parloit-il de lui-même ou de quelque autre ? *Philippe* commença par ce passage à lui faire connoître Jésus, & lorsqu'il fût suffisamment instruit, il dit à l'apôtre : voilà de l'eau ! qui empêche que je ne sois bâtisé ? Vous pouvés l'être, lui répondit *Philippe*, si vous croyés de tout votre cœur. Je crois, dit l'Eunuque, que Jésus-Christ est le fils de Dieu. En même tems, il commanda d'arrêter son chariot, & étant descendu, il reçût le bâtême. Aussitôt le St. Esprit enleva *Philippe*, & le porta dans une ville assés éloignée. L'Eunuque ne le voyant plus, remonta dans son char, & continua son chemin plein de joye.

### *Madem.* BONNE.

Voilà, Mesdames, un nouveau miracle dans des circonstances bien remarquables. L'Intendant de *Candace* n'étoit point un idolâtre ; il connoissoit, adoroit Dieu, & avoit un si grand zéle pour son salut, qu'il faisoit un long & pénible voyage pour venir de l'Ethiopie qui est en Afrique, au temple du Seigneur à Jérusalem qui étoit en Asie. On connoit encore sa piété à d'autres

tres marques. Dequoi s'occupoit-il en voyageant ? d'une lecture sainte ; il cherchoit avec peine le sens des prophéties qu'il ne pouvoit comprendre. Ne semble-t-il pas qu'un tel homme est tout ce qu'il doit être ? Il croyoit en Dieu, il observoit la loi de *Moïse* ; pourquoi prodiguer un miracle pour en faire un chrétien ? C'est que depuis la Pentecôte, la loi de grace, c'est-à-dire, celle de Jésus-Christ avoit abrogé la loi de *Moïse* ; c'est qu'on ne pouvoit plus aller au père que par le fils. L'Eunuque avoit fait profiter les talens qu'il avoit reçûs : la bonté, la justice d'un Dieu qui a promis de ne rien laisser de bon sans récompense, intéressent sa toute-puissance, & en obtiennent un prodige pour doubler les talens d'un serviteur fidéle. Il nous reste encore un exemple bien frappant de la vérité que je vous ai annoncé. Lady *Sensée*, racontés à ces Dames la conversion de St. *Paul.*

### Lady SENSÉE.

Il faut commencer, je pense, à parler de St. *Etienne.* C'étoit un homme que le St. Esprit avoit choisi par le ministère des apôtres pour distribuer les aumônes des fidéles dèles aux pauvres, & les foulager dans toutes leurs néceffités fpirituelles & corporelles. Ce Saint Diacre a eu le bonheur de donner le premier fon fang pour la foi de Jéfus, car il fût lapidé, c'eft-à-dire, tué à coups de pierres. Or un de ceux qui avoient demandé fa mort, & qui y avoient confenti, étoit un Juif, nommé *Saul*. C'étoit un homme inftruit, extrêmement zélé pour la loi de *Moïfe*, & qui avoit horreur des difciples de Jéfus. Pour témoigner publiquement la haine qu'il avoit pour les chrêtiens, ceux qui lapidèrent *Etienne*, mirent leurs habits à fes pieds, & il les garda tout le tems de cette fanglante tragédie. Non content de cette preuve de fon cruel zéle, il ne refpiroit, dit l'Ecriture, que fang & ménaces contre les chrêtiens, & obtint des princes des prêtres des lettres pour traîner en prifon ceux de la ville de Damas qui avoient reçû la foi. Lorfqu'il étoit fur le chemin de cette ville, il fût environné de lumiére & renverfé de deffus fon cheval. Alors il entendit une voix qui lui dit: *Saul, Saul, pourquoi me perfécutes-tu? Qui êtes-vous, Seigneur?* demanda *Saul* en tremblant. *Je fuis Jéfus que vous perfécutés*, répondit la voix; *il vous eft dur de regimber contre l'éguillon*.

Alors

Alors *Paul* dit avec humilité : *Seigneur, que faut-il que je fasse ?* Le Seigneur lui dit : *levés-vous, allés dans la ville ; là on vous dira ce que vous devés faire.* Ceux qui accompagnoient *Saul*, étoient demeurés immobiles d'étonnement, car ils avoient entendu la voix, & pourtant n'avoient vû personne. Leur surprise rédoubla lorsque *Saul* fût relevé ; il ne voyoit plus, & ils furent contrains de lui donner la main pour le conduire à Damas où il fût trois jours sans voir, sans boire & sans manger. Or il y avoit à Damas un disciple nommé *Ananie* à qui le Seigneur commanda dans une vision d'aller trouver *Saul*. *Ananie* surpris représenta à Dieu que ce *Saul* étoit le plus grand ennemi des chrêtiens, qu'il arrachoit de leurs maisons les hommes & les femmes pour les conduire devant les tribunaux, & qu'il avoit même un ordre du prince des prêtres pour les traîter à Damas, comme il avoit fait à Jérusalem. Allés trouver cet homme, dit le Seigneur, car je l'ai choisi pour porter mon nom devant les Gentils, devant les Rois & devant le peuple d'Israël, & je lui montrerai, combien il faudra qu'il souffre pour mon nom.

*Ananie* donc s'éléva, & étant entré dans

la maison où étoit *Saul*, il lui imposa les mains, & lui dit : mon frère *Saul*, le Seigneur Jésus qui vous a apparû dans le chemin, m'a envoyé afin que vous récouvriés la vûë, & que vous soyés rempli du Saint Esprit. Aussi-tôt il tomba de ses yeux comme des écailles ; il vit, & s'étant levé, il fût bâtisé. Il mangea ensuite, & ayant récouvré ses forces, il demeura quelques jours à Damas avec les chrêtiens.

### *Lady* VIOLENTE.

Voilà de grands miracles, ma Bonne ; mais il me paroit que ce dernier n'a pas de rapport avec la parabole des talens. Je pense que St. *Paul* n'avoit d'autre talent que celui d'être persécuteur ; apparamment, qu'il ne reçût pas la foi pour avoir fait profiter celui-là ?

### *Madem.* BONNE.

St. *Paul* étoit dans l'erreur, Mesdames ; mais son erreur étoit excusable. Elevé dans la loi judaïque qu'il avoit étudiée à fond, & observée avec la plus grande exactitude, il croyoit fermement travailler pour la gloire de Dieu, en persécutant les chrêchrétiens qu'il regardoit comme les destructeurs de cette loi divine. Son action étoit mauvaise ; mais son intention étoit droite, & c'est à quoi Dieu eut égard pour lui, qui nous juge non selon nos œuvres, mais selon leurs intentions. La promptitude de la conversion de St. *Paul* est une preuve que l'amour de la vérité étoit dans son cœur ; aussi-tôt que la vérité brille à ses yeux, il lui sacrifie sans répugnance ses préjugés les plus chers & les plus enracinés.

### *Lady* LUCIE.

Mais, ma Bonne, cette leçon ne tendroit-elle pas un peu à diminuer le prix de la grace ? Il semble qu'on en pourroit conclûre que celles que Dieu nous accorde, sont moins un don qu'une dette.

### *Madem.* BONNE.

Je suis charmée de votre objection, ma chère ; elle me donnera l'occasion d'établir chés vous un principe solide, capable de vous éloigner également de l'estime de vous-même & de la défiance en la miséricorde divine.

Premiérement, Mesdames, il faut bien vous mettre dans l'esprit, que nous sommes nées enfans de colére & de malédiction, abfolument indignes de mériter aucune grace, & par la révolte de notre premier père, & par la difproportion d'un vil atôme tel que nous avec l'Etre immenfe. Quand nous employerons tous les inftans de notre vie à des actes héroïques de vertu, ce feroient des œuvres fouillés dans leurs principes, des œuvres d'un vermiffeau, d'un atôme, de moins qu'un atôme aux yeux de Dieu. Voilà ce que nous ne devons jamais oublier.

Mais fi Dieu ne doit rien à fa créature, & furtout à fa créature rébelle, il fe doit à lui-même l'exercice de fa miféricorde, de fa bonté & de fon amour. Un père aime fes enfans quelques imparfaits qu'ils foient: fi ce père eft jufte, il déteftera leurs péchés; il les punira par amour de la juftice fans pouvoir effacer, ou plûtôt arracher de fon cœur un fond de tendreffe pour des enfans ingrats. Le motif de fa tendreffe, il eft vrai, ne fera plus dans fes enfans; il fera dans le cœur du tendre père. Ne croyés pas, Mefdames, que ceci foit une imagination de ma part; ce caractère du plus tendre de tous les pères, Dieu fe plaît à le prendre dans la Sainte Ecriture, auffi bien & même plus fouvent que celui du

*Dieu*

Dieu vengeur du crime. Qu'a fait ce tendre père pour accorder sa bonté & sa justice ? Il a donné son fils pour le salut de ses autres enfans. Jésus fait homme a satisfait pour nos péchés, a mérité pour nous les graces dont nous étions indignes. Le fils a donné ses souffrances & toutes les actions de sa vie à la justice du père ; le père à son tour a donné en échange à son fils le pardon de nos péchés, le droit à la vie éternelle, & toutes les graces nécessaires pour y parvenir.

Vous voyés par-là, Mesdames, que nous ne pouvons nous attribuer aucun mérite à l'égard de Dieu ; mais que Jésus-Christ ayant versé son sang pour tous les hommes sans exception, tous les hommes ont droit au salut éternel, & aux graces qui y conduisent en Jésus & par Jésus. Mais ces graces qui rendent notre volonté capable du bien, ne la forcent pas au bien. L'homme est toûjours maître d'accepter ou de refuser la grace qui lui est offerte dans tous les instans de sa vie. *Corneille* étoit libre d'obéir ou de désobéir aux lumiéres de sa raison qui lui disoit : il ne peut y avoir qu'un Dieu ; il mérite d'être adoré, glorifié. *Socrate* avoit eu la même lumiére, & ne l'avoit pas acceptée. Jésus-Christ en apparoissant à St. *Paul*, ne lui dit pas : il vous est impossible de regimber contre l'éguillon, mais il vous est dur, pénible. On ne peut jamais faire une chose impossible ; mais à force de peine on peut réussir dans celle qui est la plus dure & la plus pénible.

J'ai prouvé, Mesdames, que tous les hommes peuvent parvenir à la lumiére de l'Evangile s'ils répondent aux premiéres graces que Dieu leur fait, ce qui est faire profiter son talent. Je viens de vous montrer que ce n'est qu'au nom & par les mérites de Jésus-Christ que nous pouvons faire profiter ce talent, ce qui exclut absolument toute idée de présomption, & nous prouve que lorsque Dieu couronne nos mérites, il couronne ses dons. Je répéte ce que je vous ai dit au commencement de cette leçon, que la vertu des gens sans réligion qui n'est point fondée sur Jésus, n'est que de la fausse monnoye parcequ'elle n'est pas fondée sur Jésus, & qu'il ne peut y en avoir de vraye sans Jésus ; que par conséquent je ne puis me contenter de cette vertu pour vous sans trahir mon devoir envers Dieu & envers vous ; qu'ainsi en dépit des clameurs des mondains, du mépris des beaux esprits, je dois
*vous*

vous procurer des lumiéres fur la vraye vertu, & vous preffer, vous folliciter & même vous fatiguer, jufqu'à ce que je vous voye fincérement perfuadées de l'indifpenfable néceffité de facrifier toutes chofes à l'aquifition de cette vertu.

### Miss BELOTTE.

Pour moi, ma Bonne, je n'ofe prefque vous faire mon objection, car elle me paroit très-finguliére; cependant, j'efpére que vous l'excuferés. Je voudrois bien favoir la raifon pour laquelle on envoye St. *Paul* à *Ananie*, & *Corneille* à St. *Pierre*. L'un avoit été converti par Jéfus-Chrift même, l'autre par un ange. Ne pouvoient-ils pas apprendre de Jéfus & de cet ange ce qu'ils avoient à faire? Comme je fais que Dieu ne fait rien fans raifon, je fens que cette conduite n'étoit pas l'effet du hafard.

### Madem. BONNE.

Et vous penfés jufte, ma chère; tout eft leçon, inftruction pour nous dans la Sainte Ecriture. Dieu a voulû nous faire comprendre par ces deux exemples, que les graces les plus extraordinaires ne doivent point nous fouftraire à l'autorité légitime

gitime de nos pasteurs. C'est d'eux que nous devons apprendre ce que nous devons faire ; c'est à eux que Dieu nous envoye : écoutons-les donc avec un grand respect. Quand votre pasteur ou votre évêque auroient peu de talens ; quand ceux auxquels ils remettent le soin de vous rompre le pain de la parole de Dieu, manqueroient d'éloquence, écoutés-les toûjours comme vous parlant de la part de Dieu. Quelque simple que soit un sermon, une âme fidéle y trouve toûjours dequoi se nourrir & s'édifier.

Apprenés encore de ces exemples à craindre les voyes de perfection si à la mode aujourd'hui, s'ils ne sont pas approuvés de votre église. Ces personnes qui se conduisent par des mouvemens intérieurs, par des inspirations, par des assûrances de leur salut qu'elles reçoivent par des voix sécretes ; toutes ces personnes, dis-je, sont en danger d'être la dupe de leur orgueil & de l'illusion. Suivons avec simplicité les routes qui nous sont tracées dans la Sainte Ecriture ; croyons comme le commun des fidéles, & vivons mieux s'il se peut. Faites attention à cette leçon, Lady *Lucie*. Je respecte toutes les personnes qui se distinguent par leurs mœurs ; mais je crains toû-

toûjours pour celles qui se rétirent du joug des évêques pour suivre des docteurs particuliers. Vous entendés ce que je veux dire ?

*Lady* LUCIE.

Oui, ma Bonne ; vous parlés des Méthodistes.

*Madem.* BONNE.

Oui, Madame ; on ne peut nier qu'ils ne donnent l'exemple de la régularité. Imités-les dans ce point ; mais supposés qu'ils eussent des sentimens différens des membres de votre église, ce que j'ignore, car je ne l'ai jamais assés examiné pour en décider hautement ; supposés, dis-je, qu'ils différent des sentimens de vos pasteurs, craignés ces nouveautés qui peuvent être dangéreuses. Comme notre leçon a été fort sérieuse, je veux pour vous délasser, vous raconter deux faits rapportés par d'honnêtes gens, & propres à vous prouver que les bontés de Dieu sont les mêmes aujourd'hui pour les payens, qu'elles l'ont été dans le premier siécle de l'église.

Vous favés, Mefdames, que la Chine eft un vafte empire. Originairement, les Chinois n'étoient point idolâtres; un philofophe, nommé *Confufius*, leur avoit appris à adorer un feul Dieu, créateur du ciel & de la terre, & à l'honorer par une vie conforme à la loi naturelle. Ce philofophe vivoit du tems des premiers patriarches qui n'avoient non plus que la loi naturelle pour fe conduire. Il y a beaucoup d'apparence que par la fuite des tems le culte que les Chinois rendoient à la divinité, dégénéra en quelque chofe; cependant, il eft fûr qu'ils ne font vraiement devenus idolâtres que depuis le règne des Tartares. Ces peuples ayant conquis la Chine, adoptèrent les mœurs des vaincûs; mais ils y portèrent leurs idoles, & y introduifirent leurs prêtres qu'on appelle Bonzes. La rélligion chrêtienne a auffi pénétré dans cette partie du monde, & avant la derniére perfécution, on comptoit foixante mille chrêtiens difperfés dans ce vafte empire. Un des pafteurs de l'églife de la Chine qui avoit demeuré quelques années dans un lieu fort éloigné de la Capitale, fût obligé de quitter fon églife pour faire un grand voyage, & régla tellement fes journées qu'il devoit coucher châque nuit

nuit dans un lieu où il se trouvoit des chrêtiens sans pasteurs, afin de leur rompre le pain de la parole de Dieu dont ils étoient vraiement à vuides. Il arriva la veille de Noël dans un gros bourg où il y avoit un grand nombre de chrétiens, & ceux-ci comptoient qu'il passeroit avec eux le jour de la fête. C'étoit l'intention du pasteur; mais il se sentit pressé d'un violent désir de continuer sa route dès le lendemain. L'inspiration étoit si forte qu'il crût devoir y ceder, & l'annonça au petit troupeau qui étoit assemblé autour de lui. Il passa la nuit à les consoler, & après leur avoir donné la communion de grand matin, il continua sa route, surpris lui-même du mouvement qui lui faisoit avancer son voyage. Le quatriéme jour après celui de Noël, il arriva à midi proche d'une grande ville où il y avoit des chrêtiens qui ne l'attendoient que le lendemain, suivant les avis qu'il leur en avoit donné. Il faut vous apprendre, Mesdames, que la Chine est un païs si prodigieusement peuplé, qu'il y a toûjours une grande foule sur les chemins publics, & qu'un étranger qui y arriveroit, croiroit qu'il y a une foire ou quelque chose qui oblige le peuple à s'assembler. Il arriva qu'un homme à cheval qui cher-

cherchoit à percer cette foule, chocqua le pasteur de son cheval, & le jetta par terre. Le Chinois descendit aussi-tôt de cheval pour secourir celui qu'il croyoit avoir blessé, & l'ayant envisagé, il reconnût qu'il étoit Européen. A cette vûë cet homme montra beaucoup de joye, & lui demanda s'il n'étoit pas le missionnaire chrêtien? Le pasteur lui ayant répondû qu'oui, cet homme lui dit que son maître qui étoit un Mandarin, l'avoit dépêché vers le lieu où il avoit couché la veille, & où il croyoit qu'il devoit rester tout le jour, pour le conjurer de venir le trouver en diligence. Le pasteur accompagna ce domestique, & entra dans une belle maison. Il en trouva le maître assis dans un fauteuil, & qui paroissoit encore foible. Effectivement, il relévoit d'une grande maladie, & paroissoit avoir cinquante ans. Beni soit Dieu, s'écria-t-il en voyant le pasteur, qui vous envoye quelques heures plûtôt que je ne l'espérois ! Après cette exclamation, il dit au pasteur qu'il avoit conçû depuis dix ans une grande estime pour la réligion chrêtienne dont il admiroit la pureté, mais que la crainte de déplaire à l'Empereur, l'avoit empêché de l'embrasser ; que Dieu l'avoit frappé depuis deux ans par l'endroit qui lui

étoit

étoit le plus sensible, puisqu'il étoit tombé dans la disgrace de son maître & avoit été exilé. Le chagrin, ajoûta-t-il, m'a fait tomber dans une maladie dangéreuse dont par la grace de Dieu je commence à me rétablir. J'ai conçu pendant ce tems combien je m'étois rendû indigne des graces de Dieu en y résistant depuis tant d'années, & je me suis déterminé à recevoir le bâtême. Au moment où je concevois cette bonne résolution, l'Empereur a découvert mon innocence, & j'ai reçû depuis un mois l'ordre de me rendre à la cour. Dieu m'a fait la grace de résister à cette tentation ; dûssé-je être chassé une seconde fois, j'y rétournerai chrétien, & je m'en ferai honneur. J'étois dans cette disposition ; mais depuis hier j'ai ressenti une si grande soif du bâtême, que je n'ai pû y résister, & j'ai envoyé un domestique pour vous conjurer de hâter vos pas.

Le pasteur loua Dieu des bonnes dispositions du Mandarin, & promit de travailler à son instruction auffi tôt qu'il auroit mangé un morceau, car il étoit deux heures, & il n'avoit pas encore déjeûné. Au nom de Jésus, lui dit le convalescent, ne différés pas de me mettre au nombre des enfans de Dieu ! Persuadé que la réligion

gion chrétienne étoit la seule capable de porter efficacement les hommes à bien remplir les devoirs de la vie, je me suis hâté de procurer à toute ma famille un bien que je négligeois pour moi-même. Ma femme, mes enfans, mes domestiques, tout est chrétien chés moi, & j'ai assisté à toutes les instructions qui leur ont été faites; ainsi je suis instruit, & rien ne vous empêche de me bâtiser en ce moment. Le pasteur édifié de l'ardeur avec laquelle cet homme demandoit le bâtême, lui fit quelques questions, & trouvant qu'il étoit effectivement instruit, il le bâtisa. Le nouveau chrétien levant les yeux & les mains au ciel, s'écria: Maintenant, Seigneur, vous pouvés laisser aller votre serviteur en paix! Ensuite, il remercia le pasteur, & le pria de passer dans une chambre voisine où l'on avoit servi le diner. A peine le pasteur avoit-il été un quart d'heure à table qu'il entendit jetter de grands cris dans la chambre du Mandarin; il y courût, & trouva qu'il venoit de rendre le dernier soupir dans la ferveur de son action de grace.

*Lady*

*Lady* SPIRITUELLE.

Voilà, ma Bonne, cette seconde sorte de miracles dont vous nous parliés il n'y a qu'un moment. Tout paroit naturel dans l'événement que vous nous avés rapporté : la nature n'est point forcée dans aucunes circonstances ; cependant, l'assemblage de toutes ces circonstances est un vrai miracle.

*Madem.* BONNE.

Ah ! si nos yeux étoient ouverts, Mesdames, nous verrions à tous momens de pareils miracles. Combien de fois y en a-t-il eu d'opérés en notre faveur ? Mais, hélas ! toutes occupées des objets extérieurs, nous ne voyons rien, nous ne sentons rien. Faut-il s'étonner de notre peu d'amour pour Dieu ? Accablés de ses dons, soûtenus par une providence qui dirige tous les événemens de notre vie pour notre bien, qui écarte de nous mille périls spirituels & corporels ; la continuation des bienfaits de Dieu, leur multitude nous y rend insensible. Quelle ingratitude ! Faut-il s'étonner si les ames ferventes à qui le récueillement fait appercevoir mille bontés

de

de Dieu qui nous échappent, font dans des transports de réconnoissance ; si elles sont avares de leur tems parcequ'elles trouvent tout celui de leur vie trop court pour remercier leur bienfaiteur ? Ah ! que ces personnes se trouveroient misérables si elles étoient forcées de mener la vie des mondains, de couvrir du bal au jeu, du jeu aux visites inutiles & aux proménades !

### *Lady* Spirituelle.

Mais en bonne conscience, croyés-vous qu'il y ait sur la terre des personnes assés bonnes pour se priver des amusemens par choix & avec plaisir ? J'ai bien de la peine à me le persuader, & je regarderois comme une Sainte celle qui feroit ces sacrifices à son devoir, même avec les plus grandes répugnances.

### *Madem.* Bonne.

Quoi, ma chère amie, croyés-vous Dieu incapable de satisfaire à tous les désirs de sa créature ? Croyés-vous qu'il n'est pas assés libéral & assés riche pour payer beaucoup plus qu'au centuple le peu que l'on fait pour lui ? Je ne sais si vous ajoûterés foi

foi à mon témoignage ; mais j'ai eu le bonheur de vivre avec une Dame qui étoit plus affamée de priére, d'humiliation & de souffrances, que vous ne l'êtes des spectacles, des louanges & des plaisirs. Je l'ai vû cinq ans de suite & dans toutes sortes de situations, dans celles mêmes qui sont les plus insupportables à la nature ; son cœur étoit déchiré, & son âme nageoit dans la joye du St. Esprit. Je ne vous en dirai pas d'avantage à son sujet aujourd'hui, car je me propose de vous rapporter son histoire à notre retour de la campagne. Comme c'étoit une femme de qualité, qu'elle avoit été belle, chérie dans le monde à cause de ses agrémens, qu'elle a rempli parfaitement tous les devoirs du chrêtien dans les différens états où la providence la placée, je crois ne pouvoir vous présenter un meilleur modéle. D'ailleurs, je ne vous dirai rien que je n'aye vû, ou que je n'aye appris des personnes avec lesquelles elle avoit passé sa vie. Il me reste à vous dire une des deux histoires que je vous ai promise ; la voici.

Deux missionnaires, c'est-à-dire, deux écclésiastiques qui étoient passés dans l'Amérique pour y annoncer Jésus-Christ, se perdirent dans un petit voyage qu'ils avoient entre-

entrepris. Ils savoient bien qu'ils devoient passer par une forêt : ils y entrèrent sur le midi ; mais ayant marché le reste du jour sans pouvoir trouver aucune issuë, ils essayèrent de retourner sur leurs pas. La lune qui d'abord étoit très-claire, se cacha bientôt sous de sombres nuages, & nos voyageurs au lieu de retrouver leur route, s'enfoncèrent dans le plus épais du bois. Epuisés de fatigue & tourmentés de la faim & de la frayeur, ils déliberoient s'ils devoient continuer de marcher ou attendre le jour pour voir où ils étoient, lorsqu'ils apperçurent une foible lueur qui releva leur courage. Ils suivirent cette lumière, & arrivèrent enfin à une cabane qui étoit éclairée par un feu qu'on avoit fait devant la porte.

A peine les sauvages qui habitoient cette cabane, eurent-ils apperçu les Européens, qu'ils les invitèrent d'entrer, & leur présentèrent quelques choses pour se raffraîchir. Il y avoit à l'extrêmité de la cabane un vieillard couché sur un espéce de lit où il étoit comme immobile, tant il étoit exténué de vieillesse. Une quarantaine de personnes qui étoient dans la cabane, recevoient ses ordres sur ce qu'il falloit donner aux voyageurs. Ces missionnaires ne par-

parloient pas précisement la langue de ces gens ; mais ils savoient celles de plusieurs peuples de cette contrée qui en approchoient beaucoup : ainsi ils furent en état de parler à ces sauvages qui leur dirent que tous ce qu'ils étoient, devoient le jour à ce vieillard qui voyoit les fils de ses fils jusqu'à la quatriéme génération ; qu'ils avoient vécû dans un village qui etoit à quarante journées du lieu où ils étoient alors ; que tout à coup leur père avoit souhaité de changer de demeure sans pouvoir leur donner une raison de ce désir; mais qu'ils avoient tant de respect pour lui qu'ils n'avoient pû se résoudre à le chagriner ; qu'ils l'avoient donc porté dans un grand panier d'osier jusque dans cette forêt où ils étoient depuis quinze jours, parcequ'il ne pouvoit plus supporter l'agitation de sa voiture, & qu'il leur avoit dit, qu'apparemment le *Grand-Tout* vouloit qu'il mourût dans ce bois ; que pour se conformer à l'intention du vieillard, ils s'étoient dressés une cabane, & qu'ils attendoient en paix ce qu'il plairoit au *Grand Tout* d'ordonner d'eux. Les missionnaires leur demandèrent ce qu'ils entendoient par ce *Grand-Tout*, & si c'étoit le nom de la divinité qu'adoroient leurs compatriotes ? Non, ré-

répondit le vieillard ; dès ma jeuneſſe j'ai ſenti qu'il y avoit un Etre bienfaiſant qui m'aidoit dans mes travaux, & me ſoûtenoit dans mes peines. Je ne l'ai jamais vû ; cependant, il me ſembloit ſentir ſa préſence, & je m'adreſſois à lui comme ſi j'euſſe été ſûr qu'il m'entendoit : auſſi m'a-t-il toûjours accordé tout ce que je lui ai demandé. Comme je ne ſavois pas ſon nom, je l'ai nommé le *Grand-Tout*, & je l'ai prié de m'apprendre ce que je devois faire pour le remercier de la bonté qu'il avoit de m'accorder ce que je lui demandois. Il m'a ſemblé qu'il me diſoit d'être bon envers les autres comme il étoit bon envers moi, & j'ai tâché de lui obéïr. Depuis quelque tems, il m'a ſemblé qu'il me commandoit de quitter mon païs ; je n'ai oſé lui réſiſter quoique je ne ſuſſe pas où il vouloit que j'aille. Mes enfans vous ont dit le reſte.

Les miſſionnaires pendant ce récit verſoient des larmes de joye ; ils annoncèrent à ce ſaint vieillard cet Etre qu'il avoit toûjours adoré ſans le connoître, lui parlèrent de Jéſus-Chriſt, & des autres merveilles de la foi. Cette ſemence tombant dans une terre ſi bien préparée, rendit cent pour un. Le vieillard demanda le bâtême, com-

commanda à sa nombreuse famille de s'établir dans une habitation chrétienne, & s'endormit au Seigneur aussi-tôt qu'il eut été reçû parmi les chrétiens.

### *Lady* VIOLENTE.

Si les missionnaires ont pleuré, j'ai pleuré aussi, ma Bonne, de la grande bonté de Dieu qui se manifeste à tous les hommes; mais il en est bien peu qui profitent de ses graces parmi ces peuples.

### *Madem.* BONNE.

Et même parmi les chrétiens, mes enfans. Dans l'Amérique, ces exemples de personnes qui meurent immédiatement après le bâtême, ne sont pas rares. Je lisois dans un voyage de l'Orénoque qui est un très-grand fleuve, qu'il y a sur ces bords plusieurs Nations vagabondes qui comme les anciens Scythes, campent où ils trouvent dequoi se nourrir. Ces sauvages portent leurs vieillards & leurs malades dans de grands paniers d'osier. Quelques chrétiens zélés suivent ces hommes à la piste, & pendant qu'ils s'occupent à la pêche & à la chasse, ils soignent leurs

leurs malades, & tâchent de les instruire. Plusieurs se sont convertis de fort bonne foi, surtout de vieilles femmes, & comme elles n'ont survécû que de quelques heures à leur bâtême, le plus grand nombre des autres croit que cette cérémonie fait mourir, & ne veulent plus écouter les chrétiens.

Il est onze heure, Mesdames ; il faut nous séparer. J'espére vous rétrouver très-bonnes à mon retour, & le tems me paroîtra bien long, dans l'impatience que j'aurai de vous révoir & de vous embrasser.

## HUITIÉME JOURNÉE.

Pour éviter la confusion, les grandes, quoique mariées, conserveront leurs noms.

*Madem.* BONNE *& toutes les petites.*

*Lady* SPIRITUELLE.

Votre troupeau est devenu bien petit, ma Bonne : toutes vos grandes écoliéres fiéres font mariées ; apparemment nous n'aurons plus le plaifir de les voir.

### Madem. BONNE.

Je vous demande pardon, ma chère : elles font déjà toutes ici ; mais elles ont voulû rendre vifite à Mylady, & viendront dans un moment. Seulement, nous ferons forcées de commencer notre leçon plus tard. Ces Dames confacrent le tems de leur proménade & des vifites inutiles à nous venir voir. Les voici.

Point de complimens, Mefdames ; nous n'avons pas un inftant à perdre : affeyons-nous & commençons. Mifs *Molly*, dites-nous la leçon du St. Evangile.

### Mifs MOLLY.

Jéfus marchant le long de la mer, vit deux frères, *Simon* appellé *Piérre* & *André* fon frère, qui jettoient leurs filets dans la mer, car ils étoient pêcheurs. Il leur dit : fuives-moi, & je vous ferai pêcheurs d'hommes. Auffi tôt ils quittèrent leurs filets, & le fuivirent. Il appella enfuite *Jacques* & *Jean*, fils de *Zébédée*, qui quittèrent auffi-tôt leurs filets & leur père. Et

Jésus prêchant dans les synagogues, guérissoit toutes les maladies & les langueurs du peuple.

### Madem. BONNE.

Admirés la promptitude avec laquelle les apôtres abandonnent tout, au moment où le Seigneur les appelle. Que leur conduite nous serve d'exemple! Soyons toûjours prêtes à tout quitter pour suivre le Sauveur.

### Miss SOPHIE.

Il me semble qu'il n'étoit pas fort difficile à ces quatre apôtres de tout quitter pour suivre Jésus, car ils étoient fort pauvres. Le beau sacrifice qu'ils firent en quittant de misérables filets!

### Madem. BONNE.

Dieu ne mesure pas nos dons par le prix des choses que nous lui sacrifions, mais par l'ardeur de la volonté avec laquelle nous les lui offrons. Ces hommes qui ne quittent que leurs filets, auroient quitté des empires avec le même courage, & Dieu qui est la bonté même, leur tient compte

*de*

de tout ce qu'ils euffent quitté. Remarqués encore, Mefdames, que Jéfus ne choifit pas fes difciples parmi les favans, les riches & les puiffans du fiécle; les pauvres font l'objet de fa prédilection, & il veut nous apprendre par-là à n'avoir point horreur de leur fituation.

### Lady LOUISE.

Ma Bonne, vous nous devés l'hiftoire d'une Dame que j'attends avec la plus vive impatience.

### Madem. BONNE.

Je vais m'acquitter de ma promeffe, Mefdames; outre le profit que vous pourrés tirer de fon exemple, les louanges que je vais donner à cette héroïne chrêtienne, feront le tribut de ma réconnoiffance pour le bien qu'elle m'a fait.

Madame *du Pleffis Puchot* étoit née d'une des plus anciennes maifons de Normandie. Son père, le Seigneur *du Mefnil-Côté*, fût toûjours autant eftimé pour fes vertus que pour fa nobleffe. Sa mère avoit beaucoup de pieté & peu d'efprit; & voilà les deux premiéres fources de la sainteté de Mademoiselle sa fille. La pieté a besoin d'être réglée par la prudence, sans quoi elle peut dégénérer & cesser d'être réellement ce qu'elle paroît. Vous verrés combien celle de Madame *du Mesnil* fit souffrir son aimable fille. Cette fille à ce que tout le monde disoit, avoit été fort belle ; mais j'avoue qu'à quarante cinq ans, elle ne conservoit plus aucun reste de beauté, des maladies continuelles l'ayant jettée dans une maigreur affreuse. Aux avantages du corps, elle joignoit tous ceux de l'esprit. Le sien étoit d'une délicatesse infinie, d'un agrément qui la faisoit souhaiter dans toutes les compagnies. Elle avoit le sens droit & juste ; la pieté sembloit en avoir affermi la solidité. Elle étoit naturellement railleuse & fort habile à saisir les ridicules ; mais la bonté de son cœur avoit émoussé la pointe de ses railleries, & j'ai expérimenté bien de fois, lorsqu'elle vouloit me corriger d'un défaut en le tournant en ridicule, qu'elle piquoit sans offenser. Elle aimoit naturellement la parure, la musique & la danse ; c'est-à-dire, Mesdames, qu'elle étoit à peu près ce que sont toutes les jeunes personnes ; mais une grande crainte d'offenser Dieu,

la

la préserva des périls auxquels elle sembloit être exposée.

Elle n'avoit que sept ans lorsqu'une femme de chambre qui la haïssoit, l'accusa d'un crime : je n'ai jamais pû savoir ce que c'étoit ; mais je sais que sa mère étoit outrée de ce qu'elle n'en rougissoit pas : & comment en aurois-je rougi ? disoit-elle à une amie qui lui rappelloit cette avanture ; j'ignorois jusqu'au nom du crime dont on m'accusoit. Mais pourquoi ne vous excusiés-vous pas ? ajoûtoit cette amie. C'eut été augmenter la colére de ma mère, lui répondit-elle : d'ailleurs, j'avois entendu prêcher la passion ; le prédicateur avoit dit que Jésus innocent avoit gardé le silence à l'égard de ses accusateurs : je crûs devoir l'imiter en ce point.

Peu de jours après, Mademoiselle *du Mesnil* fût confié à l'une de ses tantes qui étoit réligieuse. Heureusement pour elle, cette Dame avoit une vertu solide, & s'appliqua sur toute chose à inculquer à sa niéce l'horreur du péché. Elle y réussit si bien, que Mademoiselle *du Mesnil* frissonnoit à la vûë de tout ce qui avoit l'air d'une faute ; tout ce qui pouvoit déplaire à Dieu, lui faisoit le même effet qu'auroit fait fur un autre la vûë d'un horrible ferpent. Cette heureufe difpofition s'augmenta chés elle lorfqu'elle fit fa premiére communion; elle s'y étoit préparée longtems auparavant, & elle fentit alors fon cœur fi embrafé d'amour de Dieu, qu'elle fouhaita paffionnément de fe confacrer tout à lui en fe faifant réligieufe. Sa tante à laquelle elle communiqua ce défir, lui dit fans détour qu'elle n'avoit point de vocation, & qu'elle fe fanctifieroit dans le monde où Dieu l'appelloit. La niéce pleura, fit des priéres ferventes pour obtenir la vocation à la vie réligieufe, & ne fût point exaucée. Elle étoit dans ces difpofitions lorfque fa mère qui étoit devenue veuve, la retira du convent. Cette bonne Dame aimoit tendrement fa fille; mais elle avoit pour principe qu'il falloit cacher fa tendreffe fous des dehors auftéres. Elle appéfantiffoit fur elle l'autorité maternelle, & à vingt ans, Mademoifelle *du Mefnil* n'ofoit décidér fur la couleur d'un habit & l'arrangement d'une coëffure. Elle avoit le teint très-beau; pour l'empêcher d'en ternir l'éclat, on lui défendit d'approcher du feu, & dans un païs où les froids font extrêmement longs & rigoureux, elle couchoit dans une chambre fans cheminée,

Je

Je lui ai entendu dire en riant, qu'elle avoit crû long-tems qu'elle ne mourroit jamais que de froid. Elle fuivoit fa mère dans les églifes où elle paffoit une partie de la matinée, & étoit forcée de détourner les yeux de deffus elle crainte des diftractions, car cette bonne Dame fe mettoit d'une manière fi ridicule pour une femme de fon rang, que la vanité de fa fille étoit à une torture perpétuelle ; de retour chés elle, elle étoit contrariée, réprimandée fur tout. La priére étoit alors fon unique reffource. Toutes les fois que cette terrible mère ouvroit la bouche, Mademoifelle *du Mefnil* faifoit un acte de foûmiffion à la volonté de Dieu fur ce qui alloit la contrarier. Jamais on ne la vit de mauvaife humeur, ni impatientée : elle ne fe plaignoit qu'à Dieu de fes peines, & en les lui offrant, obtenoit de fa miféricorde la grace d'en fupporter de nouvelles.

Quelque réfignée qu'elle fût à la volonté de Dieu, la nature qui fentoit vivement les défagrémens de fon état, lui faifoit défirer d'en fortir. Plufieurs partis s'offrirent. Mademoifelle *du Mefnil* fi-tôt qu'elle entendoit parler de quelques propofitions fur fon établiffement, couroit à fa chambre, fe profternoit devant Dieu, &

le conjuroit de faire manquer ce mariage s'il n'étoit pas celui où elle pourroit le mieux le servir. Elle eut le courage de faire cette prière dans une occasion où il en coûta beaucoup à son cœur. Il se présenta pour elle un des meilleurs partis de la province; c'étoit un jeune homme aimable, & qui n'avoit d'autre défaut aux yeux de Mademoiselle *du Mesnil*, que d'être d'une réligion différente de la sienne. Le jeune homme promit de lever cet obstacle. Mademoiselle *du Mesnil* craignit que l'amour n'engagea son amant à une démarche toûjours mauvaise lorsqu'elle n'a pas Dieu seul pour principe: elle le pria de prendre du tems pour examiner ses motifs; il mourût dans l'intervalle de celui qu'elle lui avoit fixé. Son cœur fût déchiré, car elle l'aimoit véritablement; mais elle crût fermement que la providence en avoit ainsi ordonné pour sa gloire, & se soûmit sans murmurer.

Cependant, elle avoit vingt trois ans: les difficultés que sa mère faisoit à tous ceux qui la recherchoient, avoient refroidi le plus grand nombre; on commençoit dans sa famille à s'inquiéter pour elle, à craindre qu'elle n'augmenta le nombre des vieilles filles dans une province où elles

n'ont

n'ont guére plus que leurs charmes pour dot. Elle seule tranquille sur son sort, ne se permettoit ni désir ni plainte, & se regardoit dans les mains de Dieu comme un enfant chéri dans les bras d'un père attentif & tendre. Elle étoit dans cette disposition, lorsqu'elle fût choisie pour être marreine d'une de ses niéces, & le parrein étoit le frère de sa belle-sœur; c'étoit un garçon de cinquante ans passés, & qui n'avoit pas été beau à vingt. Quelqu'un dit à ce Seigneur qui se nommoit *du Plessis*, que ce bâtême pourroit bien engager un mariage pour lui avec sa commére. Je ne suis pas destiné à un tel bonheur, répondit-il; mes cinquante ans sont cinquante motifs raisonnables de me refuser. Cette conversation vint aux oreilles de Madame *du Mesnil*: c'étoit un mari de cette espéce qu'elle souhaitoit à sa fille, & elle n'oublia rien pour faire réussir ce mariage. Mademoiselle *du Mesnil* entre les mains de la providence, se soûmit sans balancer; & quelques unes de ses amies lui ayant représenté la disproportion d'âge qui étoit entre elle & son époux futur, elle leur répondit agréablement que la vieillesse d'un homme étoit plus facile à supporter que sa jeunesse.

*Lady* SPIRITUELLE.

Permettés moi de vous interrompre, ma Bonne, pour vous demander si vous êtes de cet avis ?

*Madem.* BONNE.

Je vous assûre, ma chère, que si je revenois à vingt ans, j'aimerois mieux un mari de cinquante ans qu'un de vingt. Il faut essuyer le délire du jeune homme, car cet âge qu'on appelle mal à propos celui de la raison, est celui de la fougue des passions. Mais si j'étois raisonnable, je ferois comme Mademoiselle *du Mesnil*; je prierois beaucoup & je remettrois le succès entre les mains de Dieu, sûre qu'on ne peut être trompée en s'en rapportant à lui.

Le mariage de cette fille soûmise fût rompû lorsqu'il fut question des articles d'intérêt. Madame *du Mesnil* prétendoit que les années de l'époux & les charmes de l'épouse fissent une compensation qui supléât à la dot. Mr. *du Plessis* de retour chés lui, ne pût penser sans douleur à la perte du bonheur auquel il s'étoit attendu, & considérant de quel prix est une femme vertueuse, il résolût de tout sacrifier à cet intérêt. Il retourna donc

donc chés Madame *du Mesnil*, & sans s'arrêter aux plaintes de ses parens qui trouvoient qu'il faisoit un fort mauvais mariage, il signa aveuglement tout ce qu'on voulût.

Vous remarquerés, s'il vous plaît, Mesdames, que Mademoiselle *du Mesnil* avoit mené jusqu'au tems de son mariage la vie la plus dure & la plus misérable aux yeux de la nature. Le besoin qu'elle avoit d'un secours perpétuel de Dieu pour ne point tomber dans l'impatience & le dégoût, lui avoit fait une heureuse nécessité de récourir sans cesse à la priére. Réléguée dans sa chambre presque tout le tems qu'elle n'étoit pas à l'église, elle s'étoit fait de cette chambre un temple où elle ne s'occupoit que de saintes pensées, du chant des pseaumes, & de lectures spirituelles. Absolument privée de plaisir, elle en cherchoit & en trouvoit dans la piété ; rien ne disputoit son cœur, son esprit & toutes ses pensées à son Dieu. La nature n'avoit aucun dédommagement pour ses peines ; elle ignoroit jusqu'aux récréations les plus innocentes. Quel changement ! Aussi-tôt après son mariage, son mari remit entre ses mains sa fortune & le gouvernement absolu de la maison. Elle se vit environ-
née

née d'un nombreux domestique à ses ordres, elle qui n'osoit demander à boire à un laquais qu'en tremblant. Les plaisirs s'offroient en foule & sembloient l'inviter à réparer par une jouissance sans bornes tout le tems pendant lequel elle en avoit été privée. Le spécieux motif de plaire à son époux, autorisoit son goût pour la parure. L'obéissance qu'elle lui devoit, la forçoit, pour ainsi dire, à la dissipation ; par conséquent, plus de tems à donner aux exercices de piété, moins de prières, moins de communions. L'écueil étoit dangereux & l'occasion pressante. L'horreur qu'elle avoit du péché, vint à son secours, & si elle n'échappa pas entièrement au relâchement, elle fût préservée des fautes considérables. Elle fixa une heure par jour pour ses exercices spirituels, & jamais elle ne s'en dispensa. Elle se permit le jeu, mais jamais celui de hasard, ni un jeu considérable : ce qu'elle perdoit, elle le prenoit sur son ajustement ; ce qu'elle gagnoit, étoit pour les pauvres. On la mena à l'Opéra : c'étoit de tous les plaisirs celui qu'elle avoit désiré le plus ; elle pésa la peine qu'elle auroit à s'en priver, & celle qu'elle auroit à modérer le goût qu'elle y prendroit, & trouvant cette première peine

plus

plus douce que l'autre, elle résolût de s'arracher à un plaisir qui est quelquefois innocent, mais qu'on doit toûjours craindre d'aimer trop. Elle employa donc l'heure qui précéda l'Opéra à une bonne méditation sur la situation d'un mourant qui n'a pas vécû pour son Dieu ; elle frémit à la vûë des angoisses terribles qu'il doit éprouver lorsqu'il est prêt de paroître devant son juge. L'esprit plein de ces effrayantes vérités, le spectacle qui s'offrit à ses yeux, perdit ses charmes séducteurs, & elle pût dire sans mentir au sortir de l'Opéra, qu'elle s'y étoit ennuyée, & qu'elle ne vouloit pas y retourner. Elle n'eut pas le même scrupule pour les concerts, elle s'en permit quelques-uns; & souvent même chés elle, quelques amis rassemblés se donnoient mutuellement le plaisir innocent de la musique. Je vous ai dit qu'elle aimoit l'ajustement & la parure ; mais la sienne fût toûjours le modéle de la plus exacte décence. Sa femme de chambre soupçonna long-tems qu'elle avoit quelque défaut à la gorge, par le soin qu'elle avoit de la lui cacher en s'habillant. Elle n'aimoit pas la magnificence, & étoit le modéle du goût. Le marchand chés lequel elle achetoit ses étoffes, lui portoit les échantillons

qu'il

qu'il recevoit de Lion, & faisoit faire trente piéces de celui qu'elle avoit choisi qui devenoit toûjours la mode de l'année. Rubans, dentelles, tout s'assortissoit, s'arrangeoit sous sa main. Cependant, elle ne se livra pas absolument à ce goût, & elle n'a jamais fait sa toilette sans y sacrifier quelque chose à Dieu. Elle avoit beaucoup d'estime pour son mari; mais il étoit bien difficile qu'il lui inspirât de l'amour: elle fût effrayée de la tranquillité de ses sentimens à son égard, & eut recours à la priére; elle demandoit incessamment à Dieu la grace d'aimer son époux comme elle le devoit, elle fût exaucée.

Cependant, son état exigeoit qu'elle vécût dans le monde; elle prit la généreuse résolution d'y paroître chrétienne. La premiére fois qu'on hasarda devant elle un discours libre, ou contre la charité, elle déclara si nettement que ces discours ne doivent point être tolérés dans le christianisme, qu'elle força la compagnie à changer de conversation. Vous pensés bien qu'on ne lui épargna pas les épithétes de prude & de ridicule; mais sa conduite soûtenue dans le bien, imposa silence aux plus libertins: on avoit commencé par se mocquer d'elle, bientôt on l'admira. Les agrémens de son esprit

prit la faifoient fouhaiter dans toutes les compagnies, dans toutes les sociétés : on découvrit bientôt que pour l'y attirer, il falloit en bannir la licence & la calomnie ; les mondains aimèrent mieux fe mettre à fon ton que de la perdre. Mais remarqués, Mefdames, qu'autant elle étoit infléxible lorfqu'il s'agiffoit des chofes qui bleffoient les devoirs du chrêtien, autant elle étoit complaifante & attentive à étudier le goût des autres pour s'y conformer, enforte qu'on pouvoit arranger toutes les parties fans la confulter, & qu'on étoit toûjours fûr de la trouver contente de tout.

### Lady LOUISE.

Je conçois préfentement, ma Bonne, comment cette Dame avoit trouvé le fécret de forcer fes connoiffances à lui facrifier tout ce qui pouvoit offenfer Dieu ; on la payoit par-là de fa complaifance dans tout ce qui n'étoit point criminel : il eft vrai qu'il eft bien pénible de vivre inceffamment pour les autres & jamais pour foi.

### Mifs SOPHIE.

J'avoue que c'eft une chofe bien pénible ; mais le plaifir d'être aimée & recherchée,

chée, peut ce me semble, adoucir beaucoup ce sacrifice.

*Madem.* BONNE.

Ne vous y trompés pas, ma chère : l'amour propre peut bien nous engager à nous contraindre pour quelque tems ; mais si l'amour de Dieu ne soûtient cette résolution, elle ne peut être durable : il faut sa grace pour des vertus constantes.

*Lady* VIOLENTE.

Ma Bonne, quand vous avés été au tems du mariage de Madame *du Plessis*, vous m'avés fait trembler pour elle : je croyois à la façon dont vous parliés qu'elle alloit abandonner la piété & devenir méchante ; cependant, je vois qu'elle a toûjours vécû comme une Sainte.

*Madem.* BONNE.

Elle ne pensoit pas comme vous, ma chère, & je l'ai vûe gémir bien sincérement sur ce tems de sa vie. N'allés pas croire que ses regrets à cet égard fussent des scrupules ; non, Mesdames, ils étoient fondés. Elle avoit été comblée des plus précieux

dons

dons de la grace dans sa jeunesse. Dieu l'appelloit à lui toute entiére, & elle se reposoit dans la créature sans rapporter à son bienfaiteur le bien-être dont elle jouïssoit alors. Elle n'eut pas voulu commettre le crime, il est vrai ; mais ce n'est pas assés pour un chrêtien : il faut encore qu'il fasse le bien. Elle étoit naturellement sage & bonne ; il lui en auroit coûté pour changer son caractère à cet égard : c'étoit donc moins vertu chés elle que tempérament. Mais elle aimoit les louanges ; elle vouloit être applaudie : elle ne rendoit pas hommage à Dieu du bien qu'il avoit mis en elle; c'étoit un vol qu'elle faisoit à son créateur Une autre faute qu'elle se réprochoit beaucoup, étoit une grande délicatesse sur sa santé, sa personne & sur ses compagnies. Elle supportoit ceux qui n'étoient que stupides & ignorans ; mais quand à ces défauts ils joignoient celui d'être présomptueux, elle devenoit leur fleau, & se faisoit un plaisir de mortifier leur sot orgueil, avec ménagement pourtant; mais c'est qu'il n'étoit pas dans sa nature de le faire d'une autre façon : ainsi elle faisoit tout le mal dont elle étoit capable. Son amour excessif pour la propreté lui faisoit fuir les pauvres ; elle les faisoit assister & négligeoit de le faire

faire elle-même. Dieu qui la vouloit plus parfaite, lui réprochoit vivement ses infidélités, & l'en punissoit en lui ôtant le goût sensible qu'elle avoit senti dans la prière. Il est vrai que sa première ferveur rénaissoit dans les occasions où elle craignoit de tomber dans le péché ; alors elle crioit incessamment au Seigneur. Je lui demandai un jour si elle n'avoit jamais été à un bal masqué ? Non, Dieu merci ! me répondit-elle ; je vous avouerai pourtant, ajoûta-t-elle, que j'eus la foiblesse de consentir à une pareille partie la première année de mon mariage : à peine eus-je donné mon consentement que je m'en repentis sans avoir le courage de me dédire. J'étois dans les plus grandes souffrances ; je m'adressai à Dieu, & le conjurai de tout mon cœur de rompre notre mascarade où certainement je me serois beaucoup ennuyée par la crainte de m'amuser trop. Il fût assés bon pour exaucer ma prière. Nous voilà quatre Dames bien parées, bien masquées, bien arrangées dans un carrosse. Nos maris nous suivoient dans un autre. Il faisoit un grand dégel, & il y avoit un amas de bouë de plus de trente pieds au milieu d'une place : notre cocher bien habilement nous mena au milieu de

cet

cet égout, nous y versa, & nous y fumes si complettement sauffées, que nos habits n'avoient plus de couleur lorsqu'on nous en tirât. A peine, fumes-nous assurées que nous n'étions point blessées, que nous nous envisageames réciproquement & fimes en même tems de si grands éclats de rire, que les domestiques & nos maris se mirent de la partie. Des voisins du lieu où nous avions versé, ouvrirent leurs portes, & nous prirent pour des diables de bonne humeur. Notre carrosse qui étoit encore de côté, leur apprit enfin de quoi il étoit question. Une bonne veuve nous invita à entrer chés elle où nous nous déshabillames sans oser nous asseoir crainte de gâter ses chaises : elle nous accommoda des habits de ses filles, & comme elles étoient de taille médiocre, les robes ne me couvroient que jusqu'aux génoux, non plus qu'une de nos Dames, pendant qu'elles traînoient d'un pied à nos deux compagnes. Ce fût en cet équipage que toute la compagnie vint chés moi où nous passames deux heures à dire mille folies sur notre accident, & nous jurames sur nos habits crotés de n'en jamais remettre de semblables, crainte de nous casser le col.

*Miss*

### Miss BELOTTE.

Comment, cette Dame qui devint si devote, pouvoit-elle être si gaye, & badiner si agréablement ? J'ai toûjours crû que la piété rendoit grave.

### Madem. BONNE.

Vous avés eu raison, ma chère ; mais grave veut dire décente & point chagrine. La vraye dévotion est toûjours gaye & amusante : jamais personne ne l'a tant été que Madame *du Plessis*, comme vous le verrés dans la suite de sa vie. Ce sera pour la premiére fois, Mesdames ; aujourd'hui Lady *Sensée* aura la bonté de continuer à nous répéter l'histoire Romaine.

### Lady SENSE'E.

Vous vous souvenés, sans doute, Mesdames, que les ennemis faisoient le dégât aux portes de Rome ; que les Consuls ne furent point obéis lorsqu'ils commandèrent au peuple de s'enrôler ; qu'ayant voulu punir les rebelles, ceux-ci se servirent du privilége que *Publicola* leur avoit accordé, c'est-à-dire, qu'ils appellèrent du jugement

gement des Consuls devant le peuple, & que le peuple approuva leur révolte. Dans cette extrêmité, on créa un Dictateur dont le pouvoir absolu pouvoit durer six mois. On choisit pour remplir cette nouvelle magistrature, le frère de *Valére Publicola*, aussi entêté que lui de la liberté du peuple. Le Sénat fit alors une sottise qu'il répéta souvent dans la suite ; il fit promettre au peuple par la bouche du Dictateur, qu'aussi tôt après avoir battu les ennemis, on travailleroit à l'abolition des dettes. Remarqués qu'en faisant cette promesse, on étoit très-déterminé à ne la point tenir, & qu'*Apius Claudius* selon sa coûtume s'opposa à cette promesse, & en fit voir les inconvéniens ; mais les prédictions de ce grand homme avoient toûjours le même effet que celles de *Cassandre*. Elles étoient vrayes & n'étoient point crues.

J'ai dit, Mesdames, que le Sénat fit une grande sottise en promettant ce qu'il ne vouloit pas tenir : ma Bonne m'a souvent dit que cet exemple étoit une grande leçon pour les mères ; je la prie de vous expliquer cela.

*Madem.*

*Madem.* BONNE.

Qui croiroit qu'en étudiant l'histoire Romaine, on pût apprendre à bien gouverner sa famille ? Cependant, rien de plus vrai, Mesdames. Votre famille représente le peuple ; votre mari & vous en êtes les Consuls perpétuels. Tout se passe en petit dans vos maisons, comme il se passoit en grand chés les Romains ; par conséquent en étudiant bien l'histoire, vous pouvés profiter des bons & des mauvais exemples, & parvenir à un bon gouvernement. Amusons-nous à compter les fautes que l'exemple des Romains doit nous apprendre à éviter.

La premiére est le partage dans les sentimens des supérieurs, ce qui fait que l'un détruit ce que l'autre a établi. Si *Publicola* n'avoit point écouté ses lumiéres au préjudice de celles de *Brutus*, le gouvernement chés les Romains eut été stable & durable ; on n'y auroit point vû ces changemens perpétuels : or tout changement à une loi établie est un mal, ou tout au moins est sujet à de grands inconvéniens. Cela est encore bien pis, quand les inférieurs arrachent par force ces changemens à leurs supérieurs. Faites beaucoup d'attention à
ceci,

ceci, Mesdames. En vous mariant, vous devés concerter avec vos époux, les régles qu'il convient le plus d'établir pour le bon ordre de votre famille. Il faut prendre un tems suffisant pour projetter ce réglement, en bien péser les avantages & les inconvéniens, pour vous y tenir inviolablement attachée, à moins que vous ne découvrissiés par la suite qu'il blesse la charité, la justice & la décence. N'abandonnés jamais votre autorité au peuple, c'est-à-dire, à quelques domestiques ; ce défaut est beaucoup plus commun qu'on ne pense. Les Dames qui veulent s'abandonner à la dissipation & aux plaisirs, sont forcées de laisser tout le soin de leur maison à ce qu'on appelle à Londres des Housé-keepers. Ces sortes de femmes qui ne sont pas faites pour le commandement, & à qui l'éducation n'a point appris à en faire un bon usage, ces femmes, dis-je, deviennent les Tyrans de vos maisons : qui veut y avoir quelque agrément, doit s'assujettir à leur faire bassement la cour ; elles exercent leur despotisme jusque sur les gouvernantes des enfans. Une maîtresse ne s'apperçoit pas d'abord de cet abus ; qui oseroit l'en instruire ? Les autres domestiques sont trop dépendans de celle dont ils ont à souffrir

pour

pour risquer des plaintes qui les feroient chasser tôt ou tard. Ceux qui ont assés d'honneur pour ne vouloir pas obéïr à tous les caprices, demandent leur congé ; insensiblement la maison se décrédite : on est réduit à se servir de sujets qui ne savent où donner de la tête. Enfin, la maîtresse ouvre les yeux : elle reconnoit l'abus du pouvoir qu'elle a donné ; mais elle le voit inutilment. Cette femme est au fait des affaires de la maison, il faudroit en prendre une autre qui ne vaudroit pas mieux qu'elle ; non, ce n'est pas cela qu'il faudroit : le seul reméde à ce mal, seroit de vous tenir un peu plus souvent dans votre maison, de veiller sur votre domestique, de permettre au dernier de tous de vous porter les plaintes lorsqu'on l'aura maltraîté, car il faut adoucir autant qu'il est en vous, le joug de ces pauvres gens, en les traîtant avec bonté. Mais souvenés-vous que la bonté & la fermeté ne sont point incompatibles. Ne vous laissés jamais imposer la loi par vos domestiques, quand même ils se ligueroient tous ensemble pour vous arracher une exemption, un privilége, un profit. Il vaudroit mieux les laisser sortir dans le même jour & faire maison

son neuve, que de vous laisser entâmer sur cet article.

### Lady LOUISE.

J'ai déjà éprouvé qu'une des grandes croix du mariage vient des domestiques ; je voudrois de tout mon cœur les voir assés raisonnables pour qu'on pût les bien traiter sans les gâter : lorsqu'ils sont honnêtes gens, j'ai envie de leur demander excuse toutes les fois que j'exige d'eux des choses pénibles, & je pourrois les battre quand ils sont insolens.

### Madem. BONNE.

Il ne faut faire ni l'un ni l'autre, mais chercher des remédes à un mal beaucoup plus pénible qu'on ne peut se l'imaginer. Remontons à la source de ce mal. Les domestiques n'ont point été aidés par les bons exemples : ils manquent d'éducation ; ils ont peu de réligion, & ce qu'ils en ont, est pris de travers. Si on peut remédier à ces trois choses qui leur ont manqué, on pourra espérer d'être bien servie. Il faut que les domestiques commencent à prendre l'idée d'un bon chrétien, dans l'exemple de leurs maîtres. Ne faites jamais rien devant eux dont ils puissent s'autoriser pour offenser Dieu. Un Seigneur jure contre son cocher, le traite mal ; celui-ci va décharger sa mauvaise humeur sur le garçon d'écurie, jure & blasphéme contre lui, sans que le maître s'il l'apprend, ait droit de l'en reprendre, car il pourroit lui répondre : il ne faut pas qu'il y ait beaucoup de mal à cela, puisque Mylord le fait lui-même. Pour réparer l'ignorance des domestiques sur la réligion, il faut avoir soin de les faire instruire, & de les instruire vous-même.

### Miss SOPHIE.

Comment, ma Bonne, il faudroit nous assujettir à faire le catéchisme à nos valets & à nos servantes ? En vérité, cela seroit comique, & nous donnerions une bonne comédie au Public si nous le faisions.

### Madem. BONNE.

Eh ! ma chère, ce ne sera pas le Public qui vous jugera. Que vous importe qu'il vous louë ou vous méprise si vous êtes approuvées de Jésus-Christ qui est votre juge ?
Si

Si vous n'avés pas le courage de le faire par amour de votre devoir, faites-le par amour propre; vous ne serés bien servie qu'à proportion que Dieu le sera chés vous. Vous bâillés, Miss *Frivole?*

### Miss FRIVOLE.

Oui, ma Bonne, parceque cette leçon qui est bien basse, est absolument inutile pour moi; j'ai de fort bons domestiques, & depuis quatre mois que je suis mariée, je ne me suis pas apperçu qu'ils se comportent mal.

### Madem. BONNE.

Vous pourriés m'en dire autant en dix ans sans qu'ils fussent meilleurs pour cela. Vous n'entrés dans votre maison que pour manger & dormir; pouvés-vous répondre de ce qui s'y passe? j'en suis mieux instruite que vous, Madame. Votre maison est un enfer, c'est-à-dire, qu'on y blasphéme autant qu'en enfer. Un honnête valet qui vous a demandé son congé sans vous en dire la raison, m'a chargé de vous en avertir; je ne l'eusse pas fait si vous n'aviés rien dit, car je sais que cela est inutile : la passion du jeu commence à vous posséder. Je vous en avertirois en particulier si toutes ces Dames & tout le Public n'en étoient scandalisé. Vous êtes sur le bord du précipice, Madame; frémissés, & arrêtés-vous s'il en est encore tems.

Pendant que vous passés les nuits aux jeux de hasard, vos domestiques vous imitent, jurent, se mettent en colére ; votre maison ne vous plaît que quand vous y voyés huit tables de jeu. Quelle vie, mon Dieu ! Quelle fruit de toutes les peines que je me suis donnée ! Je vous le répéte, Madame, je ne vous dirois pas ceci devant ces Dames ; mais vous ne pouvés cacher ce train de vie. Je dois pourtant vous dire que si on est scandalisé de votre fureur pour le jeu : on parle bien de votre conduite; on dit que vous êtes extrêmement décente, que vous avés un air de réserve & de modestie qui contient dans le respect les hommes qui vous approchent. Cela devroit me consoler un peu ; pourquoi cela ne le fait-il pas ? C'est que mon affection pour vous, me fait souhaiter de vous voir parfaite. Faites un effort, Madame ; commencés par rénoncer absolument aux jeux défendus : on ne peut sans crime y risquer de de grosses sommes. Nous travaillerons ensuite à modérer votre attachement pour les jeux de société.

### Miss FRIVOLE.

Je vous le promets, ma Bonne, cela sera bien pénible pour moi, car outre que j'aime déjà passionnement les jeux de hasard, vous savés que je suis nécessairement liée à des personnes qui jouent ; n'importe, je vais demander à Dieu le courage de me vaincre. Je vous prie, ma Bonne, de continuer à nous expliquer nos devoirs à l'égard des domestiques.

### Madem. BONNE.

Je dis, Mesdames, que vous devés les instruire ; si vous ne le pouvés pas à Londres, il vous est facile de le faire à la campagne. Les sermons ne sont pas assés familiers pour cette sorte de gens ; ou ils ne les écoutent pas, ou ils ne les comprennent pas : lisés-leur une douzaine de lignes du nouveau Testament ; faites-leur un catéchisme sur la vérité qu'elles contiennent ; appliqués cette vérité à leur état ; interrogés-les pour voir s'ils l'entendent bien.

A méfure que vous augmenterés leurs lumiéres, rétranchés leur les occafions du péché. Vous verrés dans la vie de Madame *du Pleſſis* les moyens qu'elle prit pour cela. Pour vous aider dans votre travail, je vous promets, Mefdames, d'en entreprendre un. Ce fera le magafin des pauvres, des domeftiques & des artifans. Je n'oublierai rien pour leur inculquer leurs devoirs, & fi on repand ce livre dans les écoles de paroiſſe, on pourra fe flatter de parvenir à être mieux fervis. Nous voilà à cent lieuës de l'hiftoire Romaine ; continués-la, Lady *Senſée*.

## *Lady* SENSE'E.

Je vous ai dit, Mefdames, que le frère de *Publicola* fût le premier Dictateur. Il termina heureufement la guerre, & quitta la Dictature auffi-tôt qu'elle fût finie. Le peuple s'attendoit à voir terminer l'affaire des dettes ; on y chercha des difficultés, & on ne conclût rien. La même chofe étant arrivée plufieurs fois, les plus mutins d'entre le peuple fe retirèrent fur une montagne proche de Rome ; on l'appella depuis le mont facré. Les Sénateurs voyant qu'ils ne pouvoient empêcher un

grand

grand nombre de plébéïens de fe joindre à ceux qui les premiers avoient abandonné Rome, s'affemblèrent pour délibérer fur ce qu'il y avoit à faire dans un cas auffi extraordinaire. *Publicola* ou ceux de fon parti foûtinrent qu'il falloit tout accorder au peuple pour le rappeller à Rome, puifque leur défertion dévaftoit la ville ; que d'ailleurs il étoit dangéreux que le peuple ne revînt à force ouverte, & ne fe vengea par le maffacre des Sénateurs de la dureté dont on auroit ufé à fon égard. Ils ajoûtèrent qu'il y avoit une forte de juftice à abolir les dettes de ceux qui ne les avoient contractées qu'en fervant la patrie.

### *Mifs* CHAMPETRE.

Avoués, ma Bonne, qu'il n'y a rien de bon à répondre aux partifans du peuple. J'en fuis fi perfuadée que je n'ai pas daigné lire la réponfe d'*Apius* ; j'étois trop indignée contre lui, de ce qu'il entreprenoit de contredire des raifons qui affûrement ne pouvoient fouffrir une replique raifonnable.

### *Madem.* BONNE.

Vous me faites fouvenir d'*Henri* quatre,

ma chère. Il voulut un jour assister au jugement d'un procès. Le premier Avocat donna de si bonnes raisons dans son discours pour prouver que celui dont il prenoit les intérêts, avoit raison, qu'il convainquit le Roi. Ce Prince alloit décider en sa faveur, lorsqu'on le pria d'écouter ce que l'autre Avocat avoit à répondre. Et que pourra-t-il dire, repliqua le Roi : de mauvaises raisons ? celles de son adversaire sont sans replique. Il céda pourtant aux remontrances qu'on lui faisoit, & après qu'il eut entendu le plaidoyer du second Avocat, on lui demanda ce qu'il en pensoit ? Je trouve qu'ils ont raison tous les deux, répondit *Henri* quatre. Vous auriés peut-être dit comme ce Prince, Miss *Champêtre*, si vous vous fussiés forcée à écouter le plaidoyer d'*Apius* ; mais vous aimiés votre sentiment : vous eussiés été fâchée de guérir une erreur qui vous est chère. Vous voilà bien attrapée ; je gage que vous allés être tentée de changer d'avis, ou qu'au moins vous dirés comme *Henri* quatre : je crois qu'ils ont raison tous les deux. Continués, Lady *Sensée*.

*Lady* SENSE'E.

*Apius* représenta au Sénat que s'il avoit
la

la foibleſſe de céder au peuple en conſentant à une injuſtice, il alloit en devenir l'éſclave ; que le peuple, ſans réconnoiſſance pour une grace qu'il auroit arrachée par force, en prendroit droit d'oſer tout demander, ſûr d'obtenir les choſes les moins raiſonnables quand il les exigeroit par la violence. Il dit qu'il valoit mieux que Rome fût ſans citoyens, que d'en avoir de rebelles aux loix ; qu'au lieu de régarder comme un malheur la ſortie des citoyens révoltés, il falloit en rendre grace aux Dieux. Craignés-vous, ajoûta-t-il, de manquer d'habitans ? Choiſiſſés parmi les divers peuples qui habitent l'Italie ; tous vous demandent comme une grace, le droit d'être reçûs dans vos murs. Donnés la liberté à vos éſclaves, qu'un pareil bienfait diſpoſera à ſacrifier juſqu'à la derniére goutte de leur ſang pour une patrie qui les aura adoptés. Tout eſt bon pour nous affranchir de l'éſclavage où veut nous réduire la plus vile portion d'entre nous ; tout eſt bon pour prévenir le rétour de citoyens capables d'abandonner la terre qui les a vû naître.

I 5        *Lady*

### Lady VIOLENTE.

Avec la permission de ma Bonne, je vais faire une comparaison risible du parti de *Publicola* avec celui d'*Apius*. Je regarde le premier comme une sotte nourrice qui se hâte de donner à un enfant tout ce qu'il veut parcequ'il le demande en frappant du pied & en pleurant; & le parti d'*Apius* comme un sage gouverneur qui dit: quand même il seroit juste de vous accorder ce que vous demandés, vous ne l'auriés pas, parceque vous vous êtes mis en colére pour l'avoir.

### Miss BELOTTE.

Et moi, je suis toute étonnée que ce sage Sénat n'ait pas eu une pensée qui me vient dans l'esprit, & qui auroit tout accommodé. *Publicola* disoit: il est juste de soulager ceux qui se sont ruinés en servant l'Etat. *Apius* disoit: il n'est pas juste de priver, de dépouiller un homme d'une somme qui lui appartenoit & qu'il a prêtée sur la foi publique. Et moi, j'aurois dit: vous avés raison tous les deux; que le trésor de la république paye les dettes de ceux qui se sont ruinés en servant l'Etat;

l'Etat: tout le monde fera content, & il n'y aura aucune injuſtice de faite.

#### Madem. BONNE.

Si vous décidés toûjours auſſi juſte dans votre petit empire, c'eſt à dire, dans votre famille, il n'y aura point à appeller de vos déciſions. Eh bien! Miſs *Champêtre*, que répondés-vous à tout cela?

#### Miſs CHAMPETRE.

Que vous êtes cruelle de m'interroger, ma Bonne! Ne voyés-vous pas que je baiſſe les yeux toute honteuſe de ma ſottiſe? Je vous l'avoue, ma Bonne, la comparaiſon de Lady *Violente* m'a humiliée juſqu'aux larmes.

#### Lady VIOLENTE *en l'embraſſant.*

Ah, mon Dieu! ma thère, que je ſuis fâchée de vous avoir fait de la peine! Cette triviale comparaiſon m'eſt venue parceque je me ſuis ſouvenue de ma nourrice qui reſpectoit mes larmes comme ſi elles euſſent été des perles, & qui par-là m'avoit accoûtumée à en repandre quand je voulois. C'étoient les verges que je lui montrois toutes les fois que j'avois des fantaisies. Je vous jure que je n'ai pas eu dessein de vous fâcher.

### Miss CHAMPETRE.

Eh ! vous ne m'avés pas fâchée, Madame ; au contraire, vous m'avés rendu un très-grand service en m'aidant à détruire mes préjugés. Je l'avoue de bonne foi, je ne me connoissois pas moi-même, & j'avois grand besoin d'apprendre à me défier de mes lumiéres & même de ma bonne volonté. Ma Bonne l'a fort bien trouvé, que mes erreurs me sont chères, & quand on m'en arrache une, il semble que l'on m'ôte ma peau, tant je souffre.

### Madem. BONNE.

Plût à Dieu que celles qui ont de pareils défauts, fussent aussi sincéres que vous, elles seroient bientôt corrigées. Adieu, Mesdames ! Miss *Champêtre*, vous m'avés demandé une demie-heure ; vous pouvés venir cet après-diné, je serai seule.

## CONVERSATION PARTICULIÈRE.

*Madem.* BONNE. *Miss* CHAMPETRE.

### *Miss* CHAMPETRE.

Ah! ma Bonne, que j'avois un grand besoin de vous entretenir! Depuis cinq mois je désire de vous ouvrir mon âme, de vous confier mes peines, de prendre vos conseils. Si j'osois, je vous dirois que je suis la plus malheureuse personne du monde.

### *Madem.* BONNE.

Je ne vous croirois pas, ma chère; on ne peut être malheureuse quand on est chrêtienne : vous pouvés être dans un état de souffrance ; mais la souffrance n'est point un mal aux yeux de la foi.

### *Miss* CHAMPETRE.

Mes peines font d'une telle nature que la foi les augmente : ce que je vais vous

vous déclarer, ma Bonne, je l'ai renfermé jufqu'à préfent dans mon âme; je fuis même déterminée à n'en point parler à ma mère: quelque amitié que j'aye pour vous, je vous laifferois croire comme aux autres, que je fuis heureufe & contente; mais j'ai befoin de confeil, & ce motif à ce que je crois, rend ma confidence légitime, car enfin, c'eft de mon mari que j'ai à me plaindre, c'eft lui qui me fait paffer dans les larmes tout le tems où je puis pleurer fans témoins. Le foin de fa réputation me feroit étouffer mes peines à vos yeux, fi le défir de lui être utile, ne me rendoit indifcréte.

### *Madem.* BONNE.

Je ne puis trop louer votre délicateffe à parler des défauts de votre mari, & je vous affûre que la feule charité m'obligera à les entendre; cependant, ma chère, vous me furprenés: on dit qu'il eft le plus honnête homme du monde.

### *Mifs* CHAMPETRE.

Autant qu'on le peut être fans réligion. Ah! que j'ai bien éprouvé ce que vous
nous

nous avés tant de fois répété ! Un homme fans religion a de la probité fauf le refpect de fa paffion dominante. Mon époux eft un être incompréhenfible ; tâchés, ma Bonne, de faifir fon caractère fur le peu que je fuis en état de vous en dire : Premiérement, il ne croit point en Dieu, & il craint, je ne fais quoi, ce n'eft pas le diable ; ce qu'on en dit, eft trop lié avec l'idée de la divinité : c'eft une terreur vague, indéterminée, qui ne pofe fur rien.

Secondement, il croit que notre être finira avec notre vie ; il donne de fort mauvaifes raifons de fon opinion : Lady *Violente* pourroit les réduire en poudre, & moi auffi, je crois, quoique je fois moins habile qu'elle ; mais pour combattre un fentiment, il faudroit convenir de quelques principes : or ce mot *principe* eft la bête d'horreur de mon époux. En conféquence de fon opinion de la mortalité de l'âme, il croit qu'il eft raifonnable de ne fe contraindre en rien dans cette vie ; ainfi le caprice eft fa régle, le plaifir fa loi. Comme il a beaucoup d'efprit, & que d'ailleurs il eft d'un âge où les paffions ne font pas fort vives, il en impofe à tout le monde fur fes fentimens ; il ne me les a avoués

avoués que dans l'espérance de me les faire partager. L'inutilité de ses soins ne l'a point dégoûté: je souffre une picoterie perpétuelle sur ce qu'il appelle ma dévotion; il raille devant moi de ce que la religion a de plus saint; il prétend que j'écoute ses blasphémes, & refuse d'entendre mes raisons, ou n'y répond que par de plattes plaisanteries. Ah! ma Bonne, quel reméde apporter à un tel mal? La conversion de ce pauvre homme me paroit impossible.

### *Madem.* BONNE.

Souvenés-vous, Madame, que ce qui est impossible aux hommes, ne l'est pas à Dieu: il faut un miracle pour convertir votre époux; mais ce miracle, j'ose vous prédire qu'il l'accordera à vos priéres & à votre bonne conduite. Il faut d'abord lui faire aimer, estimer au moins la religion par votre douceur, votre complaisance, & l'assiduité à faire tout ce qui pourra lui plaire. Il faut en second lieu assiéger, pour ainsi dire, le trône de la miséricorde de Dieu par de priéres ferventes & continuelles. Imaginés-vous être la Cannanée qui va demander à Jésus la guérison de sa fille;

fille ; elle étoit bien déterminée à ne point quitter les pieds du Sauveur qu'elle ne l'eut obtenue. Prenés la même réfolution ; priés au nom de Jéfus, avec humilité, avec ferveur, avec confiance, & croyés que vous ferés exaucée.

### *Mifs* CHAMPETRE.

J'avoue, ma Bonne, que je m'y fuis mal prife ; moitié par amour pour mon époux, moitié par amour propre, je me fuis fouvent emportée dans nos difputes, furtout quand il tourne mes difcours les plus férieux en plaifanterie.

### *Madem.* BONNE.

Ne vous étonnés pas, Madame, fi cette conduite n'a rien opéré de bon. Ce n'eft pas par votre éloquence & vos talens que vous pourrés arracher le funefte voile qui couvre les yeux de votre époux. L'efprit naturel avec lequel vous avés entrepris cette bonne œuvre, a tout gâté ; c'eft par l'Efprit de Dieu que vous pouvés feulement réuffir : vous l'avés éloigné.

*Mifs*

### Miss CHAMPETRE.

Je n'entend pas bien, ma Bonne, ce que vous voulés dire par ce mot, *l'esprit naturel.*

### Madem. BONNE.

C'est un mauvais esprit qui vient gâter ce que nous faisons de meilleur. Remarqués, ma chère, que nous aimons naturellement à réussir dans les choses que nous entreprenons, & que souvent nous y cherchons moins la gloire de Dieu que notre propre satisfaction. Ce dernier motif se cache si habilement qu'il est difficile de n'y être pas trompé; mais il y a une marque infaillible pour démêler la pureté ou l'imperfection de vos vûës. Si vous ne cherchés que la gloire de Dieu, vous gémirés de l'inutilité de vos soins; mais vous en gémirés en paix & sans trouble. Si au contraire, vous agissés par esprit naturel, vous sentirés du dépit, de l'impatience, du dégoût; vous serés prête à tous momens de tout abandonner.

### Miss CHAMPETRE.

Mais, ma Bonne, il faudroit être une Sainte

Sainte pour agir avec ce défintéressement, & vous savés fort bien que je ne la suis pas; d'ailleurs, si ces mauvais motifs sont en moi sans que je m'en apperçoive, comment puis-je les détruire ?

*Madem.* BONNE.

Je conviens que vous n'êtes pas une Sainte; mais Dieu vous met dans une position où il faut que vous la deveniés nécessairement si vous ne voulés pas manquer votre vocation. Ce n'est point par hasard que vous êtes chargée d'un ouvrage qui ne peut réussir que par la pratique constante des plus héroïques vertus. Quant à l'imperfection de vos motifs, il faut y renoncer sans cesse, & dire mille fois le jours : Mon Dieu, je ne veux agir que pour vous. Seigneur, je vous consacre mes actions. Purifiés mes intentions : donnés-moi la grace de n'avoir que vous pour motif ; je renonce à toute autre intention que celle de procurer votre gloire. Vous ne m'avés pas dit un mot de cette femme de charge dont vous aviés tant de peur.

*Miss* CHAMPETRE.

C'est que j'ai la tête si pleine de la malheureuse

heureuse situation de mon époux que je ne pense pas au reste. Cette femme est fort impertinente à ce que je crois ; mais elle n'a eu aucune occasion de me le prouver : j'ai si peu resté chés moi depuis mon mariage. Il est pourtant vrai qu'elle est pour moi un objet odieux ; elle a deux petites niéces qu'elle a permission d'avoir presque toûjours au château : ces enfans portent leur bâtistére sur le visage, car elles ressemblent à mon époux comme deux gouttes d'eau ; il m'a dit en riant qu'on l'accusoit d'en être le père, que c'étoit une calomnie, qu'il me donnoit sa parole d'honneur de ne me jamais donner sujet d'être jalouse d'aucune femme, & qu'il m'étoit absolument attaché. Je l'ai crû d'autant plus sincére dans ses promesses, que sa *Dulcinée* est devenue dégoûtante à force de se bien nourrir ; c'est une boule. Je n'ai pas voulu le presser sur l'aveu du passé qui ne m'importe guére. Voilà où j'en suis sur cet article.

*Madem.* BONNE.

Ah ! ma chère, Dieu vous veut absolument à lui ; vous n'en pouvés douter. Que d'actes héroïques de vertu il met, pour

pour ainsi dire, sous votre main ! Vous êtes assise sur des monceaux d'or, d'argent, de diamans & de perles. Tous ces tréfors sont en votre disposition : vous pouvés vous faire une fortune immense pour l'autre vie ; vôtre état est digne d'envie aux yeux de la foi : hâtés-vous d'en tirer tout le parti possible. Il faut d'abord presser votre mari de vous dire si ces enfans lui appartiennent, & feindre de ne pas soupçonner leur mère ; vous dirés à votre époux, que vous ne souhaités de connoître s'il est le père de ces enfans, que pour devenir leur mère, & vous charger de leur éducation. Ne lui laissés pas un moment de repos, jusqu'à ce qu'il vous ait accordé cette grace. Les deux petites filles, sont-elles aimables ? Quel âge ont-elles ?

*Miss* CHAMPETRE.

L'ainée a six ans, & elles sont d'une jolie figure. Mon mari dit qu'elles ont de l'esprit : elles en ont la mine ; mais personne ne peut les souffrir dans la maison, tant elles sont méchantes. C'est peut-être l'effet de leur mauvaise éducation : je ne sentirois pas de répugnance à m'en charger, ce sont deux petites âmes

qu'il

qu'il seroit beau d'arracher au vice; mais si je veux les corriger de leurs mauvaises habitudes, leur mère croira que je ne les corrige que par haine.

### Madem. BONNE.

Peut-être bien, ma chère; mais il faut risquer quelque chose quand il est question de la gloire de Dieu: d'ailleurs, il faut habiller ces enfans mieux qu'ils ne le font actuellement, leur donner un maître à danser, leur apprendre vous-même la musique; voilà les trois points qui prouvent qu'on aime les enfans chés les âmes vulgaires; voilà selon elles, en quoi consiste toute l'éducation. Si donc cette femme est persuadée que vous donnés à ses enfans la meilleure éducation du monde, elle patientera sur le reste. Après tout, ma chère amie, il est question de faire un très-grand bien que la providence vous présente. Quelle gloire pour vous d'être l'instrument dont il veut bien se servir! Quelle joye pour vous, si vous pouvés enléver à Satan des enfans qui semblent être voués au péché par leur naissance! En vérité, je suis jalouse du bien que vous
aurés

aurés occasion de faire. Voilà un amusement bien glorieux & bien agréable; car je suis sûre que les progrès de ces enfans dans la vertu vous dédommageront avec usure de la petite peine que vous prendrés.

### Miss CHAMPETRE.

Vous me séduisés, ma Bonne; c'en est fait: je sens que Dieu me donne le courage d'entrer dans la pénible carrière qui s'offre à moi. Priés pour moi, ma Bonne; vous sentés que j'en ai grand besoin.

*Fin du Second Tome.*

www.ingramcontent.com/pod-product-compliance
Lightning Source LLC
Chambersburg PA
CBHW051903160426
**43198CB00012B/1725**